초등 문해력
향상 프로그램
어휘편

어휘가 보여야
문해력이 자란다

문해력 잡는
초등 어휘력

B-4 단계

· 초등 3~4학년 ·

초등교과서에 나오는 과목별 학습개념어 총망라
★ 문해력 183문제 수록! ★

이울북

문해력의 기본,
왜 초등 어휘력일까?

21세기 교육의 핵심은 문해력입니다. 국어 사전에 따르면, 문해력은 '문자로 된 기록을 읽고 거기 담긴 정보를 이해하는 능력'입니다. 여기에 더해 글을 비판적으로 읽고 자신만의 관점을 가지는 것 역시 문해력이지요. 그러기 위해서는 문장을 이루고 있는 어휘의 뜻을 정확히 알고, 해당 어휘가 글 속에서 어떤 역할을 하고 있는지 깨닫는 과정이 필요합니다.

초등학교 3~4학년 시절 아이들이 배우고 쓰는 어휘량은 7,000~10,000자 정도로 급격하게 늘어납니다. 그중 상당수가 한자어입니다. 그렇기에 학년이 올라가면서 교과서와 참고서, 권장 도서 들을 받아드는 아이들은 혼란스러워 합니다. 해는 태양으로, 바다는 해양으로, 세모는 삼각형으로, 셈은 연산으로 쓰는 경우가 부쩍 늘어납니다. 땅을 지형, 지층, 지상, 지면, 지각처럼 세세하게 나눠진 한자어들로 설명합니다. 분포나 소통, 생태처럼 알 듯 모를 듯한 어려운 단어들이 불쑥불쑥 등장하기 시작합니다.

우리말이니까 그냥 언젠가 이해할 수 있겠지 하며 무시하고 넘어갈 수는 없습니다. 초등학교 시절의 어휘력은 성인까지 이어지니까요. 10살 정도에 '상상하다'나 '귀중하다'와 같이 한자에서 유래한 기본적인 어휘의 습득이 마무리된다는 연구 결과를 내놓은 학자도 있습니다. 반대로 무작정 단어 뜻을 인터넷에서 검색하고 영어 단어를 외우듯이 달달 외우면 해결될까요? 당장 눈에 보이는 단어 뜻은 알 수 있지만 다른 문장, 다른 글 속에 등장한 비슷한 단어의 뜻을 유추하는 능력은 길러지지 않습니다. 문해력의 기초가 제대로 다져지지 않는다는 의미입니다.

결국 자신이 정확하게 알고 있는 단어를 통해 새로운 단어의 뜻을 짐작하며 어휘력을 확장시켜 가는 게 가장 좋습니다. 어휘력이 늘어나면 교과 개념을 정확하게 이해하고, 학습 내용도 빠르게 습득할 수 있지요. 선생님의 가르침이나 교과서 속 내용이 무슨 뜻인지 금방 알 수 있으니까요. 이 힘이 바로 문해력이 됩니다. 〈문해력 잡는 초등 어휘력〉은 어휘력 확장을 통해 문해력을 키우는 과정을 돕는 책입니다.

정춘수 기획위원

문해력 잡는 단계별 어휘 구성

〈**문해력 잡는 초등 어휘력**〉은 사용 빈도수가 높은 기본 어휘(씨글자)240개와 학습도구어와 교과내용어를 포함한 확장 어휘(씨낱말) 260개로 우리말 낱말 속에 담긴 단어의 다양한 뜻을 익히고 이를 통해 문해력을 키우는 프로그램입니다. 한자의 음과 뜻을 공유하는 낱말끼리 어휘 블록으로 엮어서 한자를 모르는 아이도 직관적으로 그 관계를 파악할 수 있습니다. 초등 기본 어휘와 어휘 관계, 학습도구어, 교과내용어 12,000개를 예비 단계부터 D단계까지 전 24단계로 구성해 미취학 아동부터 중학생까지 수준별 학습이 가능합니다. 어휘의 어원에 따라 자유롭게 어휘를 확장하며 다양한 문장을 구사하는 능력을 기르는 동안 문장 사이의 뜻을 파악하는 문해력은 자연스럽게 성장합니다.

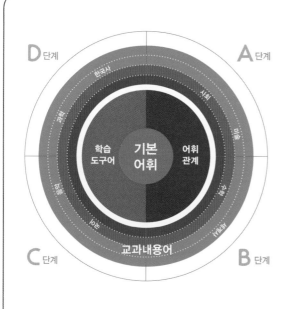

기본 어휘
초등 교과서 내 사용 빈도수가 높고, 일상적인 언어 활동에서 기본이 되는 어휘

어휘 관계
유의어, 반의어, 동음이의어, 도치어, 상하위어 등 어휘 사이의 관계

학습도구어
학습 개념을 이해하고 논리적으로 설명하는 과정에 쓰이는 도구 어휘

교과내용어
국어, 수학, 사회, 과학, 한국사, 예체능 등 각 교과별 학습 내용을 정확히 이해하는 데 필요한 개념 어휘

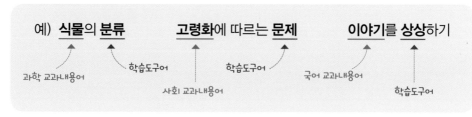

어휘력부터 문해력까지, 한 권으로 잡기

씨글자 | 기본 어휘

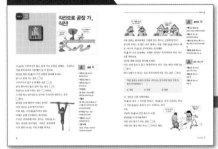

기본 어휘
하나의 씨글자를 중심으로
어휘를 확장해요.

낱말밭 | 어휘 관계

어휘 관계
유의어, 반의어, 전후
도치어 등의 어휘 관계를
통해 어휘 구조를 이해해요.

씨낱말 | 교과내용어

확장 어휘
둘 이상의 어휘 블록을
연결하여 씨낱말을 찾고
어휘를 확장해요.

어휘 퍼즐

어휘 퍼즐
어휘 퍼즐을 풀며 익힌 어휘를
다시 한번 학습해요.

종합 문제

종합 문제
종합 문제를 풀며
어휘를 조합해 문장으로
넓히는 힘을 길러요.

문해력 문제

문해력 문제
여러 어휘로 이루어진 문장의 의미를
파악하고 글의 맥락을 읽어 내는
문해력을 키워요.

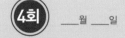

직선으로 곧장 가, 직진!

直 곧을 직

직(直)은 구부러지지 않고 곧게 가는 모양을 말해요. 직선으로 가면 목적지까지 가장 빨리 갈 수 있지요.

빈칸을 채워 직(直)이 쓰인 낱말을 완성해 보세요.

앞으로 곧게 가는 것은 ☐진,

구부러지지 않고 곧게 뻗은 선은 ☐선,

공이 휘어지지 않고 곧게 가는 것은 ☐구,

정면으로 곧게 비치는 빛은 ☐사광선,

스키를 타고 일직선으로 곧바로 미끄러져 내려오는 것은 ☐활강.

물체를 실에 매달아 아래로 늘어뜨리면 세로로 곧게 떨어지지요? 이런 것을 수직(垂直)이라고 해요. 아래로 곧게 드리웠다는 뜻이에요. 수직은 꼿꼿하게 바로 섰다는 직립(直立)과도 비슷한 말이에요. 사람은 꼿꼿하게 서서 걸어 다니는 직립 보행을 하지요.

直 곧을 직

■ **직진**(直 進나아갈 진)
앞으로 곧게 감

■ **직선**(直 線줄 선)

■ **직구**(直 球공 구)
곧게 가는 공

■ **직사광선**

(直 射쏠 사 光빛 광 線)
정면으로 곧게 비치는 빛

■ **직활강**

(直 滑미끄러울 활 降내릴 강)
스키를 타고 일직선으로 곧바로 미끄러져 내려옴

■ **수직**(垂드리울 수 直)
아래로 곧게 드리움

■ **직립**(直 立설 립)
꼿꼿하게 바로 섬

■ **직립 보행**

(直立 步걸을 보 行갈 행)
꼿꼿하게 서서 걸어감

直 **곧바로 직**

■ **직통**(直 通통할 통)
중간에 거치는 것 없이 바로 통함
■ **직행**(直 行갈 행)
목적지까지 바로 감
■ **직항기**(直 航배 항 機기계 기)
배나 비행기가 목적지까지 바로 감
■ **직항로**(直 航 路길 로)
목적지까지 바로 가는 길

직통 전화는 편리하지만 그림과 같은 방식은 곤란하겠지요?
중간에 거치는 것 없이 바로 통하는 것을 직통(直通)이라고 해요. 여기서 직(直)은 곧바로라는 뜻이에요.
직(直)이 쓰인 낱말에는 직행도 있어요! 목적지까지 바로 가는 것을 뜻하지요.
빈칸을 채워 낱말을 완성해 보세요.
다른 곳에 들르지 않고 목적지까지 바로 가는 배나 비행기는 ☐항기,
배나 비행기가 다니는 길로 목적지까지 바로 가는 길은 ☐항로.

直 **바로 그 즉시 직**

■ **직방**(直 放퍼질 방)
효과가 즉시 퍼짐
■ **직전**(直 前앞 전)
바로 전
■ **직후**(直 後뒤 후)
바로 뒤

'어떤 결과나 효과가 곧바로 나타나는 일'이라는 뜻을 가진 낱말은 무엇일까요? (   )

① 직선   ② 직립   ③ 직방

네, 정답은 ③번 직방이에요.
직(直)은 바로 그 즉시를 뜻하고, 방(放)은 퍼져 나간다는 뜻이니 직방(直放)은 효과가 즉시 퍼진다는 말이지요.
직방의 직(直)과 같은 뜻으로 쓰인 낱말들을 더 알아볼까요?
어떤 일이 생기기 바로 전은 ☐전,
어떤 일이 생긴 바로 후는 ☐후라고 해요.

직면(直面)은 직접 대하는 것을 말해요. 직접은 바로 접하다라는 뜻이고요. 중간에 다른 것을 거치지 않는다는 뜻이죠.
이처럼 직(直)이 직접을 대신해 쓰인 경우가 많아요.
다음 빈칸을 채우면서 직접 확인해 보세요.
중간에 다른 것이 끼지 않고 직접 연결하는 것은 □결,
중간에 다른 조직을 통하지 않고 직접 관할하는 것은 □할.
과거에는 농산물이나 물건을 사기 위해 중간에 여러 상인을 거쳐야 했어요. 하지만 요즘은 교통, 통신이 발달해서 물건을 생산한 사람이 소비자에게 직접 파는 직판이 많이 이루어진답니다. 직매도 직판과 같은 말이에요.
물건을 만든 사람이 직접 파는 곳은 □판장 또는 □매장,
사는 사람과 파는 사람이 직접 거래하는 것은 □거래예요.

무엇을 곧이곧대로 말하는 것에도 직(直)을 써요.
옳고 그른 것에 대하여 자신이 생각하는 바를 곧이곧대로 말하는 것을 직언이라고 해요.
직설도 있는 그대로 말한다는
뜻이에요.
사실을 있는 그대로 전할 때
에는 이실직고라는 말도 많이
쓴답니다.

直 직접 직

- **직면**(直 面대할 면)
  직접 대함
- **직접**(直 接접할 접)
  중간에 다른 것을 거치지 않고
  바로 접함
- **직결**(直 結연결할 결)
  직접 연결함
- **직할**(直 轄관할할 할)
  직접 관할함
- **직판**(直 販팔 판)
  생산자가 소비자에게 직접 팖
  = 직매(直 賣팔 매)
- **직판장**(直販 場장소 장)
  생산자가 직접 파는 곳
  = 직매장(直賣場)
- **직거래**(直 去갈 지 來올 래)
  사는 사람과 파는 사람이 직접
  거래함

直 곧이곧대로 직

- **직언**(直 言말 언)
  옳고 그른 것에 대하여 자신이
  생각하는 바를 곧이곧대로 말함
- **직설**(直 說말씀 설)
  있는 그대로 말함
- **이실직고**
  (以~로써 이 實사실 실 直 告
  알릴 고)
  사실을 있는 그대로 전함

8

直 옳을 직

- **정직**(正바를 정 直)
마음에 거짓이나 꾸밈이 없이
바르고 곧음
- **솔직**(率꾸밈없을 솔 直)
거짓이나 숨김없이 바르고 곧음
- **강직**(強굳셀 강 直)
정직하고 굳셈
- **충직**(忠충성 충 直)
충성스럽고 정직함
- **우직**(愚어리석을 우 直)
어리석을 정도로 곧음
- **시비곡직**(是옳을 시 非그릇될
비 曲구부러질 곡 直)
옳고 그르고 굽고 곧음
- **시비곡직을 가리다**
옳고 그름을 가려내다
- **불문곡직**
(不아니 불 問물을 문 曲直)
옳고 그름을 묻지 않음

겉모습이 바르다고 속마음도 바른 것은 아니지요?

마음에 거짓이나 꾸밈이 없이 바르고 곧은 것은 정직(正直)이라고 해요. 이때 직(直)은 옳고 바르다라는 뜻으로 쓰인 것이랍니다.

마음이나 성격을 나타내는 직(直)이 들어간 낱말을 알아볼까요?

거짓이나 숨김없이 바르고 곧은 것은 솔□,

정직한 마음에 굳센 마음까지 더해지면 강□,

충성스럽고 정직한 것은 충□.

너무 바르고 곧아서 융통성이 없는 성격은 우직하다고 해요. 정직한 마음이 어리석을 정도로 강하다는 뜻이죠.

선이 똑바르지 않으면 구부러졌다고 하지요? 구부러질 곡(曲)자는 그릇된 것을 나타내요.

그래서 옳고 그름을 뜻하는 시비(是非)와 곧고 구부러진 것을 뜻하는 곡직(曲直)은 같은 말이에요.

'시비곡직(是非曲直)을 가리다'라는 말은 옳고 그름을 가려낸다는 뜻이지요. 불문곡직(不問曲直)은 옳고 그름을 물어 따지지 않는다는 말이에요.

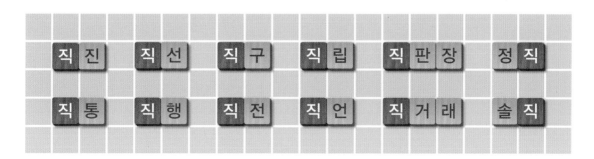

直
곧을 직

직진

직선

직구

직사광선

직활강

수직

직립

직립 보행

직통

직행

직항기

직항로

직방

직전

직후

직면

1 주어진 한자를 따라 쓰세요.

수

정

항 로

直
곧을 직

이 실 고

접

행

2 어떤 낱말에 대한 설명인지 쓰세요.

1) 중간에 거치는 것 없이 바로 통함 ➜ ☐☐

2) 마음에 거짓이나 숨김이 없이 바르고 곧음 ➜ ☐☐

3) 목적지까지 곧장 가는 배나 비행기 ➜ ☐☐☐

4) 옳고 그르고 굽고 곧음 ➜ ☐☐☐☐

3 알맞은 낱말을 찾아 문장을 완성하세요.

1) 로켓을 땅에서 하늘을 향해 ☐☐ (으)로 쏘아 올렸습니다.

2) 원숭이는 사람처럼 ☐☐ 보행을 해요.

3) 이 배는 ☐☐☐ 를 이용해 일본까지 가장 빨리 가요.

4) 내가 집을 나오기 ☐☐ 에 전화기가 울렸지.

5) 요즘은 넓다는 뜻으로 광역시라고 하지만 예전에는 정부가 직접 관할한

다는 뜻으로 ☐☐ 시라고 했어.

④ 문장에 어울리는 낱말을 골라 ○표 하세요.

1) 우리 식당의 채소는 대관령의 한 농장과 (직거래 / 직매장)한 것입니다.

2) 스키를 타고 일직선으로 곧게 내려오는 것은 (직활강 / 직방)이야.

3) 내가 엄마 몰래 한 일을 동생이 (시비곡직 / 이실직고)했어.

4) 목적지까지 가장 빨리 가려면 구불구불 가지 않고 (직선 / 직진)해야 해.

⑤ 그림을 보고, 알맞은 낱말을 쓰세요.

직	불	곡
문	공	전
비	진	적

불 ☐ ☐ ☐

⑥ 옳은 답을 따라가면서 나오는 글자를 모아 낱말을 만들어 보세요.

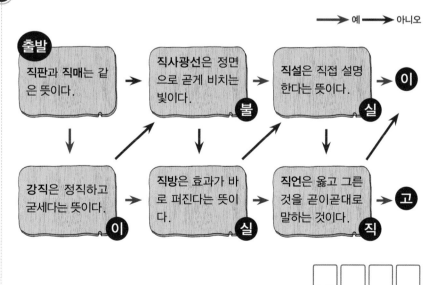

☐ ☐ ☐ ☐

| 직접 |
| 직결 |
| 직할 |
| 직판 |
| 직매 |
| 직판장 |
| 직매장 |
| 직거래 |
| 직언 |
| 직설 |
| 이실직고 |
| 정직 |
| 솔직 |
| 강직 |
| 충직 |
| 우직 |
| 시비곡직 |
| 불문곡직 |

소뿔은 우각,
사슴뿔은 녹각

角 뿔 각

코뿔소 아저씨, 축하해요! 우승 기념으로 코뿔소 아저씨의 뿔을 가지고 글자를 한번 만들어 볼까요?

뿔은 한자로 각(角)! 보세요, 뿔 모양이랑 꼭 닮았죠?

 → 角

소뿔은 우각, 사슴뿔은 녹각이라고 해요.

짐승의 머리에 난 뿔은 무엇이라고 할까요? ( )
① 심각   ② 두각   ③ 착각

정답은 머리 두(頭)를 써서 ② 두각(頭角)이에요.
코뿔소 아저씨처럼 여러 사람들 중에서 뛰어난 모습을 나타내는 것을 두각을 드러내다라고 하지요.
개미에게는 뿔이 없지만, 대신 더듬이가 있죠?
더듬이는 뿔처럼 머리에 나 있다고 해서 촉각(觸角)이라고도 해요. 사물을 느낄 때 사용하는 뿔이란 말이지요.

角   **뿔 각**

■ **우각**(牛소 우 角)
소뿔

■ **녹각**(鹿사슴 녹 角)
사슴뿔

■ **두각**(頭머리 두 角)
짐승의 머리에 난 뿔

■ **두각을 드러내다**
뛰어난 모습을 나타내다

■ **촉각**(觸느낄 촉 角)
더듬이

어머, 말썽꾸러기 송아지는 어른들 말씀 안 듣다가 뿔도 반대로 났어요!

엥, 엉덩이에?
ㅋㅋㅋ

속담 – 못된 송아지 엉덩이에 뿔 난다.

角 **겨룰 각**

■ **호각지세**(互서로 호 角 之~
의 지 勢·형세 세)
서로 비슷비슷한 형세
■ **각축**(角 逐쫓을 축)
서로 겨루고 쫓음
■ **각축전**(角逐 戰싸울 전)
각축을 벌이는 싸움
■ **각축장**(角逐 場마당 장)
각축을 벌이고 있는 장소

앗, 정말 누구 뿔이 더 크다고 말하기 힘드네요.

이렇게 서로 실력이 비슷비슷한 형세를 호각지세(互角之勢)라

고 한답니다. 서로 뿔을 맞대고 겨루고 있는 형세라는 말이지

요.

이처럼 각(角)은 겨루다라는 뜻으로도 쓰여요.

자, 이제 겨루다라는 뜻으로 각이 쓰인 낱말을 알아볼까요?

유비와 조조, 손권이 중국 땅을 차지하기 위해 서로 다투는 것

처럼, 서로 이기려고 다투며 덤벼드는 것을

각축(角逐)이라고 해요. 서로 겨루고 쫓

는다는 말이지요.

그럼 빈칸에 알맞은 말을 넣을 수 있

겠지요?

각축을 벌이는 싸움은 □□전,

각축을 벌이고 있는 장소는 □□장

빈칸에는 모두 각축이 들어간답니다.

🔔 **이런 말도 있어요**

뿔을 맞대고 매일 싸우기를 좋아하는 사람은 성격이 모나다라고 해요.

말이나 행동이 둥글지 못하고 까다롭다라는 뜻이지요.

■ **모나다** 말이나 행동이 둥글지 못하고 까다롭다

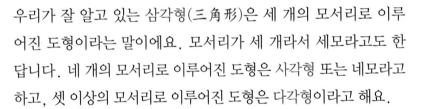

角 모서리 각

각이 지다
사물의 모양이 둥글지 않고 모서리로 이루어지다

각목(角 木나무 목)
각진 나무

각(角)**기둥**
각진 기둥

삼각형
(三셋 삼 角 形모양 형)
세 개의 모서리로 이루어진 도형
= 세모

사각형(四넷 사 角形)
네 개의 모서리로 이루어진 도형
= 네모

다각형(多많을 다 角形)
셋 이상의 모서리로 이루어진 도형

팔각 소반(八여덟 팔 角 小
작을 소 盤밥상 반)
여덟 개의 모서리로 이루어진 작은 밥상

여러분, 색종이를 한 장 접어 보세요. 접힌 모서리 부분이 마치 뿔처럼 뾰족하고 날카롭지요? 이처럼 각(角)은 면과 면이 만나 이루어지는 모서리를 뜻하기도 한답니다. 또, 사물의 모양이 둥글지 않고 모서리로 이루어진 것을 각이 지다라고 말하지요.

오른쪽 그림을 보고, 빈칸에 알맞은 말을 넣어 보세요.

모가 나게 깎아 각이 진 나무는 □목,
모가 나게 깎아 각이 진 기둥은 □기둥.

우리가 잘 알고 있는 삼각형(三角形)은 세 개의 모서리로 이루어진 도형이라는 말이에요. 모서리가 세 개라서 세모라고도 한답니다. 네 개의 모서리로 이루어진 도형은 사각형 또는 네모라고 하고, 셋 이상의 모서리로 이루어진 도형은 다각형이라고 해요.

오른쪽 그림에 있는 물건의 이름은 무엇일까요?

□□ 소반

정답은 팔각 소반.
여덟 개의 모서리로 이루어진 작은 밥상을 말하지요.

🔔 **이런 말도 있어요**

각도장은 뿔로 만든 도장을 뜻하기도 하고, 네모난 도장을 뜻하기도 해요.
■ **각도장**(角 圖그림 도 章글 장) 뿔로 만든 도장 / 네모난 도장

아까 접었던 색종이를 다시 볼까요?

색종이가 접혀 모서리가 생기고,

또 면과 면 사이가 얼마나 벌어

졌는지를 보여 주는 각도(角度)

가 생겼어요.

이처럼 각(角)은 각도를 뜻하기도 해

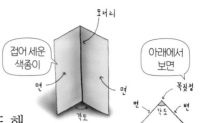

요. 각도란 한 점에서 두 직선이 벌어진 정도를 가리키는 말이

지요.

시각(視角)은 보는 각도를 뜻해요. 어느 각도에

서 보는지에 따라 판단이 달라지는 경우가 많죠.

이처럼 시각은 사물을 관찰하고 파악하는 기본적

인 자세를 뜻하기도 한답니다.

눈으로 볼 수 없는 범위는 무엇이라고

할까요? (　　)

① 정각　　② 직각　　③ 사각

정답은 ③번 사각(死角)이에요. 보이지 않아서 죽어 있는 각도

란 말이지요. 사물이 사각에 있어서 보이지 않는 구역은 사각지

대라고 해요. 사각지대는 보이지 않는 구역뿐 아니라 관심이 미

치지 않는 구역을 뜻하기도 해요.

角 각도 각

- **각도**(角 度정도 도)
  한 점에서 두 직선이 벌어진 정
  도

- **시각**(視볼 시 角)
  보는 각도 / 사물을 관찰하고
  파악하는 기본적인 자세

- **사각**(死죽을 사 角)
  눈으로 볼 수 없는 범위

- **사각지대**
  (死角 地곳 지 帶띠 대)
  보이지 않는 구역 / 관심이 미
  치지 않는 구역

우	각	녹	각	두	각	촉	각	각	목	삼	각	형
호	각	지	세	각	축	전	사	각	지	대	팔	각	소	반

角
뿔 각

우각

녹각

두각

두각을
드러내다

촉각

호각지세

각축

각축전

각축장

모나다

각이 지다

각목

각기둥

① 주어진 한자를 따라 쓰세요.

```
  우          |                    |         사
      — 삼  형 — |  角  | — 축  전 —
  촉          |       뿔 각        |         도
```

② 어떤 낱말에 대한 설명인지 쓰세요.

1) 짐승의 머리에 난 뿔 ➡ ☐☐

2) 셋 이상의 모서리로 이루어진 도형 ➡ ☐☐☐

3) 여덟 개의 모서리로 이루어진 작은 밥상 ➡ ☐☐☐☐

4) 서로 비슷비슷한 형세 ➡ ☐☐☐☐

③ 알맞은 낱말을 찾아 문장을 완성하세요.

1) 스페인 축구 팀 선수들과 이탈리아 축구 팀 선수들이 축구장에서 ☐

☐ 을 벌이고 있어.

2) 뛰어난 모습을 나타내는 것을 ☐☐ 을 드러낸다고 말해.

3) 모서리가 세 개인 세모 모양을 ☐☐☐ 이라고 해.

4) 저 영화배우는 보는 ☐☐ 에 따라 잘생겨 보이기도 하고, 못생겨

보이기도 하네.

5) 밤에 CCTV가 없는 ☐☐ 지대에서는 조심히 다녀야 해.

16

4 문장에 어울리는 낱말을 골라 ○표 하세요.

1) 영화 속 폭력 장면에서는 거의 (각목 / 녹각)이 등장해.

2) 지금은 예민한 상황이라 다들 (시각 / 촉각)이 곤두서 있어.

3) 저 아이는 어리지만 언어 능력에서 (두각 / 미각)을 드러내고 있어.

4) 보는 (각도 / 사각)에 따라 집 안이 넓어 보이기도 해요.

5 그림을 보고, 알맞은 낱말을 고르세요. (   )

① 호각지세   ② 시각 범위   ③ 삼각 지대   ④ 사각지대

6 친구들이 창수네에 놀러 와서 난장판을 만들어 놓자 창수 어머니가 친구들을 쏘아 보고 계세요. 창수 어머니의 사각지대에 있는 친구들을 찾아 낱말을 만들어 보세요.   (   )

| 삼각형 |
| 세모 |
| 사각형 |
| 네모 |
| 다각형 |
| 팔각 소반 |
| 각도장 |
| 각도 |
| 시각 |
| 사각 |
| 사각지대 |

재는 것 정도는 내게 맡겨!

度 정도 도

배고파. 좀 빨리 대충 만들어.

안 돼! **온도**랑 **농도**를 정확하게 재야 해.

꼬르륵

죽이 너무 뜨겁거나 너무 묽으면 맛이 없어요. 온도와 농도가 알맞아야 맛있게 만들 수 있지요.

이처럼 도(度)는 정도라는 뜻이 있어요. 온도(溫度)는 따뜻한 정도를, 농도(濃度)는 진한 정도를 말해요.

빈칸을 채워 도(度)가 쓰인 낱말을 완성해 보세요.

일이 진행되는 정도는 진☐,

높은 정도는 고☐,

빠른 정도는 속☐.

비가 많이 올 때는 빨래가 잘 마르지 않지요? 공기 중에는 물기가 포함되어 있어요. 그 물기가 얼마나 있는지를 나타내는 것이 습도(濕度)예요. 습(濕)은 축축하다는 뜻이거든요.

밀도는 무엇의 정도를 나타내는 말일까요? ( )
① 달콤함   ② 매끄러움   ③ 촘촘함

정답은 ③번이에요. 밀(密)이 촘촘하다를 뜻하니까 밀도(密度)는 촘촘한 정도인 것이지요.

度 정도 도

■ **온도**(溫따뜻할 온 度)
따뜻한 정도

■ **농도**(濃짙을 농 度)
진한 정도

■ **진도**(進나아갈 진 度)
일이 진행되는 정도

■ **고도**(高높을 고 度)
높은 정도

■ **속도**(速빠를 속 度)
빠른 정도

■ **습도**(濕축축할 습 度)
축축한 정도

■ **밀도**(密촘촘할 밀 度)
촘촘한 정도

■ **선호도**(選 가릴 선 好 좋아할 호 度)
여럿 가운데 특별히 가려서 좋아하는 정도

■ **신선도**(新 새 신 鮮 싱싱할 선 度)
새롭고 싱싱한 정도

■ **선명도**(鮮 깨끗할 선 明 밝을 명 度)
깨끗하고 분명한 정도

■ **차도**(差 병 나을 차 度)
병이 조금씩 나아가는 정도

여럿 가운데 특별히 가려서 좋아하는 것을 선호라고 해요. 그래서 선호하는 정도를 선호도(選好度)라고 하지요.

선호도는 얼마인지 정확히 잴 수 없어 높거나 낮다고 표현한답니다. 이렇게 도(度)가 붙어서 무엇의 정도를 나타내는 말들이 많이 있어요.

빈칸을 채우며 그런 낱말들을 알아볼까요?

생선이나 야채 등이 새롭고 싱싱한 정도는 신선☐,

TV 화면이나 사진 등이 깨끗하고 분명한 정도는 선명☐.

위 그림의 빈칸에 들어갈 알맞은 말은 무엇일까요? (   )

① 검도   ② 진도   ③ 차도

정답은 ③번 차도(差度)예요. 병이 조금씩 나아가는 정도를 말해요. 차도는 높거나 낮다고 하지 않고, 차도가 있다 또는 차도가 없다라고 한다는 점, 알아 두세요!

🔔 진도
진도(震 지진 진 度)는 땅이 흔들리는 지진의 세기를 말해요.

度 한도 도

- **한도**(限한계 한 度)
  능력 따위가 미칠 수 있는 범위
- **도가 지나치다**
  한도를 넘어서다
- **도외시**
  (度 外바깥 외 視볼 시)
  관심을 가질 만한 범위 바깥에 있는 것으로 여겨 상관하지 않거나 무시함

한도(限度)는 능력 따위가 미칠 수 있는 범위를 말해요. 자신의 팔 길이 바깥은 손이 안 닿지요. 그러니까 팔을 쭉 뻗어 손가락 끝까지가 손이 닿을 수 있는 한도지요. 도(度)에는 이렇게 한도라는 뜻도 있어요.

다음 빈칸을 채워 볼까요?

> ☐가 지나친 농담 때문에 화가 났다.
>
> 친절한 것도 ☐가 지나치면 오히려 불쾌하다.

이처럼 한도를 뜻하는 도(度)는 도가 지나치다라는 표현으로 쓰여요. 한도를 넘어섰다는 뜻이지요. 무엇이든 도가 지나치면 좋지 않답니다.

도외시(度外視)는 한도의 바깥에 있는 것으로 본다라는 말이에요. 관심을 가질 만한 범위 바깥에 있는 것으로 여겨 상관하지 않거나 아예 무시한다는 말이지요.

🔔 **이런 말도 있어요**

제도(制度)는 만들어 정한 법도라는 말이에요. 여기서 법도는 정해진 규범과 생활하며 지켜야 하는 예의를 포함하는 말이지요. 즉, 우리가 지켜야 할 한도가 관습이나 규칙으로 굳어진 것이 바로 법도이지요. 도(度)에는 이렇게 법도라는 뜻도 있어요.

■ **제도**(制만들 제 度법도 도) 만들어 정한 법도

度 단위 도

■ **위도**(緯가로 위 度)
지구상의 위치를 가로선으로
나타내는 것

■ **북위**(北북 북 緯)
적도의 북쪽에 있는 위도

■ **남위**(南남 남 緯)
적도의 남쪽에 있는 위도

■ **고위도**(高높을 고 緯度)
위도가 높은 곳

■ **저위도**(低낮을 저 緯度)
위도가 낮은 곳

■ **경도**(經세로 경 度)
지구상의 위치를 세로선으로
나타내는 것

■ **동경**(東동 동 經)
그리니치 천문대의 동쪽에 있
는 경도

■ **서경**(西서 서 經)
그리니치 천문대의 서쪽에 있
는 경도

오, 우리의 度맨, 굉장한데요? 지구에서 우리가 어디에 있는지 알아내기 위해 지구에 선을 그었군요!

이렇게 지구에 가로로 그은 가상의 선으로 나타내는 것은 위도(緯度)라고 해요. 위도는 지구 한가운데(적도)를 기준으로 북쪽은 북위(北緯), 남쪽은 남위(南緯)라고 해요. 각각 0~90도까지 나누지요.

위도가 높은 곳은 고위◻, 위도가 낮은 곳은 저위◻.

지구에 세로로 그은 가상의 선으로 나타내는 것은 경도(經度)라고 해요. 경도의 기준은 영국의 그리니치 천문대예요. 이곳을 기준으로 동쪽은 동경, 서쪽은 서경이라고 해요. 각각 0~180도까지 나누지요.

이처럼 도(度)는 위도나 경도를 나타내는 단위랍니다.

온도를 나타내는 단위는 무엇일까요? (　　　)

① 도　　　　② 말　　　　③ 되

정답은 ①번 도예요. 화씨 또는 섭씨 온도의 단위지요.

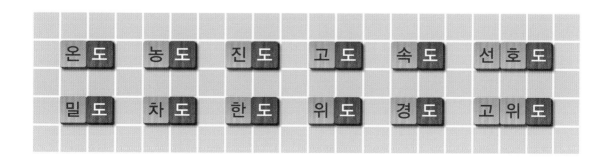

| 씨글자
블록 맞추기 | 度
정도 도 |

| 온도 |
| 농도 |
| 진도(進度) |
| 고도 |
| 속도 |
| 습도 |
| 밀도 |
| 선호도 |
| 신선도 |
| 선명도 |
| 차도 |
| 진도(震度) |
| 한도 |

❶ 주어진 한자를 따라 쓰세요.

온 ― 진 ― 선 호 ― 度 ― 신 선 ― 경 / 위

정도 도

❷ 어떤 낱말에 대한 설명인지 쓰세요.

1) 능력 따위가 미칠 수 있는 범위 ➡ ☐☐

2) 지구상의 위치를 가로선으로 나타내는 것 ➡ ☐☐

3) 진한 정도 ➡ ☐☐

4) 여럿 가운데 특별히 가려서 좋아하는 정도 ➡ ☐☐☐

5) 병이 조금씩 나아가는 정도 ➡ ☐☐

❸ 알맞은 낱말을 찾아 문장을 완성하세요.

1) 물은 섭씨 100☐에서 끓어.

2) 참는 데에도 ☐☐가 있어. 더 이상은 못 참겠어.

3) 야채를 고를 때에는 ☐☐☐를 잘 따져야 해.

4) 이 도로는 시속 60km 이상으로 달리면 안 됩니다. 당신은 80km로 달렸
   으니, ☐☐ 위반입니다.

4 문장에 어울리는 낱말을 골라 ○표 하세요.

1) 춘향이는 신분 (한도 / 제도)를 넘어선 사랑을 했어.

2) 할머니의 병환에 (온도 / 차도)가 있대.

3) 만원 버스는 인구 (위도 / 밀도)가 너무 높아.

4) 다양한 (각도 / 농도)의 초록색으로 칠하면 멋진 나뭇잎을 그릴 수 있을
   거야.

5 그림을 보고, 공통으로 들어갈 낱말을 쓰세요.

1) 그 팔 길이로 여기까지 닿으려는 건 □가 지나친 욕심이야.

이익~

윽, 윽… 팔이 짧아.

2) 온□와 농□를 정확하게 재야해.

□

6 가로, 세로, 대각선으로 여러 낱말들이 숨어 있어요. 다음 설명에 맞는
낱말을 찾아보세요.

계	표	일	신	여	드
도	양	차	기	겨	표
터	계	도	모	외	준
밀	극	미	시	경	원
전	도	원	친	뒤	기
선	기	법	보	도	서
도	한	진	도	의	계

1) 병이 조금씩 나아가는 정도 □□

2) 촘촘한 정도 □□

3) 지진의 세기 □□

도가 지나치다

도외시

제도

위도

북위

남위

고위도

저위도

경도

동경

서경

눈썹 사이는 미간!

間
사이 간

두 눈썹의 사이는 양미간(兩眉間)이라고 하고,
줄여 미간이라고 부른답니다. 여기서 미(眉)는
눈썹을, 간(間)은 사이를 말해요.
신문이나 책을 읽을 때 행간을 읽어야 할 때가 있
어요. 행간(行間)은 줄과 줄 사이를 말하지요.

그런데 행간은 그냥 비어 있어요. 그러니
그 사이를 읽으려면 짐작을 해야겠죠?
행간을 읽다는 숨은 뜻을 이해한다는 말이

에요. 행간을 읽으면 내용을 더 깊게 이해할 수 있답니다.
간발의 차는 얼마만큼일까요? 간발(間髮)은 머리카락이 들어갈
만한 좁은 사이를 뜻해요. 그러니 얼마나 좁겠어요?
그래서 간발의 차는 아주 짧은 시간의 차이를 말해요.

間	사이 간

- **양미간**(兩두 양 眉눈썹 미 間)
두 눈썹 사이 ＝ 미간
- **행간**(行줄 행 間)
줄과 줄 사이
- **행간**(行間)**을 읽다**
숨은 뜻을 이해하다
- **간발**(間 髮머리카락 발)
머리카락이 들어갈 만한 좁은
사이
- **간발**(間髮)**의 차**(差차이 차)
아주 짧은 시간의 차이

🔔 이런 말도 있어요

가운데는 중간이라는 말이고, 어중간은 중간쯤 된다는 말이에요. 어중간은 이도 저도 아
니고 모호할 때 주로 쓰여요.

■ **중간**(中가운데 중 間) 가운데   ■ **어중간**(於가까울 어 中間) 중간쯤 되는 곳 또는 그런 상태

24

또한 간(間)은 공간이나 장소를 나타내요. 아무것도 없이 비어 있는 곳은 공간(空間)이에요. 외양간은 소나 말 등의 가축을 기르는 공간이지요. 그 중에서 말을 기르는 곳은 마구간이라고 해요. 창고로 쓰는 공간은 곳□, 창고 중에서 문짝이 없어 허전한 곳간은 헛□.

여기가 내집이라오.

외양간

문간방은 출입문 옆에 딸린 방을 말해요. 출입문 부근의 공간이 문간(門間)이거든요. 화장실은 집 뒤편에 있는 공간이라서 뒷간이에요.

오른쪽 그림은 정주간이에요. 정주간은 어디와 어디를 가리킬까요? (,)

① 부엌 ② 마루
③ 방   ④ 마당

정답은 ①번과 ③번이에요. 부엌과 안방이 벽 없이 하나로 이어진 곳을 정주간이라고 해요. 추운 함경도 지방에는 마루가 없는 대신 정주간이 있어서 부뚜막의 온기로 추위를 막을 수 있었답니다.

쇠를 녹여 낫이나 칼 등을 만드는 사람은 대장장이, 대장장이가 일하는 곳은 대장간이지요.

소나 돼지를 잡아서 고기를 파는 사람은 푸주한, 푸주한이 고기를 파는 곳은 푸줏간이에요. 푸줏간은 정육점과 같은 말이에요.

수라간은 임금님께 올리는 진지(밥)를 만드는 부엌이에요.

대장간   푸줏간

間 공간 간

공간(空빌 공 間)
비어 있는 곳

외양간(間)
소나 말 등의 가축을 기르는 공간

마구간(馬말 마 廐마구간 구 間)
말을 기르는 공간

곳간(庫창고 고 間)
창고로 쓰는 공간

헛간(間)
창고 중에서 문짝이 없어서 허전한 곳간

문간방(門문 문 間 房방 방)
출입문 옆에 딸린 방

문간(門間)
출입문 부근의 공간

뒷간(間)
집 뒤편에 있는 공간 = 화장실

정주간(鼎솥 정 廚부엌 주 間)
부엌과 안방이 벽 없이 하나로 이어진 곳

대장간(間)
대장장이가 칼이나 낫 같은 연장을 만드는 곳

푸줏간(間)
푸주한이 고기를 파는 곳 = 정육점

수라간
(水물 수 剌진지 라 間)
임금님께 올리는 진지를 만드는 곳

직장인들은 일을 하다가 막간을 이용해서 웹툰을 보기도 해요. 어떤 일을 끝내고 다른 일을 시작하기 전에, 잠깐 남는 시간에 인터넷 만화를 본다는 뜻이지요. 막간(幕間)은 원래 연극에서 한 막이 끝나고 다음 막이 시작되기까지의 사이를 가리키는 말이에요.

머리가 계속 아프다 말다 하는 것은 무엇이라고 할까요? ( )
① 순간적 두통   ② 장기적 두통   ③ 간헐적 두통

정답은 ③번 간헐적 두통이에요. 간헐(間歇)은 시간적 간격을 두고 일어났다 쉬었다를 되풀이하는 것을 뜻해요. 단순히 반복하는 것과는 달라요.

이와 마찬가지로, 간헐천은 물이 흐르다 말다를 반복하는 하천을 말해요. 홍수 때나 우기에만 물이 흐르는 하천이지요. 이렇게 때때로 생기는 일이면 간간이 일어난다고 말한답니다.

다음 그림에 나온 관계는 다들 잘 알죠? 사람들 사이의 관계도 간(間)을 써서 나타내요.

여기서 잠깐!

별안간(瞥눈 깜짝할 별 眼눈 안 間)도 눈 깜짝할 사이라는 말이에요. 하지만 주로 '갑자기'라는 뜻으로 쓰인답니다.

間 **시간 간**

막간(幕막 막 間)
막과 막의 사이, 일과 일 사이의 잠깐 남는 시간

간헐(間 歇쉴 헐)
시간적 간격을 두고 쉬어가면서 일어남

간헐천(間歇 川내 천)
큰비가 올 때나 우기에만 흐르는 하천

간간(間間)**이**
때때로 생기는 일

間 **관계 간**

부부간
(夫남편 부 婦아내 부 間)
남편과 아내의 관계

부자간
(父아비 부 子아들 자 間)
아버지와 아들 관계

모녀간
(母어미 모 女계집 녀 間)
어머니와 딸 관계

형제간(兄형 형 弟아우 제 間)
형과 아우 관계

남매간
(男사내 남 妹누이 매 間)
오빠와 누이 또는 누나와 남동생 관계

가족 관계를 나타내는 어려운 말들을 익혀 볼까요?

할아버지, 할머니와 우리의 관계는 조손간(祖孫間)이에요. 조(祖)는 할아버지, 할머니를 뜻해요.

어머니와 할머니의 관계는 고부간(姑婦間)이라고 불러요.

> 선생님과 우리의 관계는 무엇이라고 할까요? (   )
>
> ① 모녀간   ② 피차간   ③ 사제간

혹시 ①번이라고 한 사람? 하하. 물론 선생님께서는 엄마처럼 우리를 보살펴 주시지만 정답은 ③번 사제간(師弟間)이에요. 스승과 제자 사이라는 말이죠. 피차간은 서로라는 뜻이고요.

때로는 이간질로 사람들 사이가 나빠지기도 해요. 이간은 사람들 사이를 멀어지게 하는 것을 말하고, 관계를 벌어지게 하는 행동은 이간질이라고 해요.

이거안놔?

사이가 아주 나쁜 것을 견원지간이라고 해요. 만나기만 하면 싸우는 개와 원숭이의 관계에 빗댄 말이지요.

전쟁이 일어나면 군인들만이 아니라 많은 민간인들도 죽거나 다치게 되죠. 민간은 일반 사람들 사이를 뜻해요. 민간인은 공무원이나 군인, 경찰처럼 관청이나 정부 기관에 소속된 사람이 아닌 일반 사람들을 뜻해요.

조손간
(祖조부모 조 孫손자 손 間)
조부모와 손자 관계

고부간
(姑시어미 고 婦며느리 부 間)
시어머니와 며느리 관계

사제간
(師스승 사 弟제자 제 間)
스승과 제자 관계

피차간(彼그 피 此이 차 間)
서로

이간(離벌어질 이 間)
관계를 벌어지게 함

이간(離間)**질**
관계를 벌어지게 하는 행동

견원지간(犬개 견 猿원숭이 원 之~의 지 間)
개와 원숭이의 관계

민간(民백성 민 間)
일반 사람들 관계

민간인(民間 人사람 인)
일반 사람들

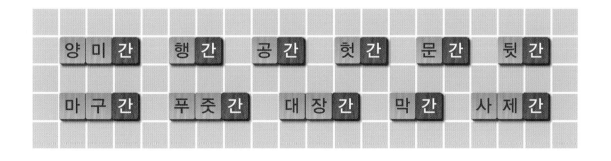

양미간   행간   공간   헛간   문간   뒷간

마구간   푸줏간   대장간   막간   사제간

**씨글자
블록 맞추기**

간 사이

양미간

행간

행간을 읽다

간발

간발의 차

중간

어중간

공간

외양간

마구간

곳간

헛간

문간방

문간

뒷간

화장실

정주간

대장간

푸줏간

정육점

수라간

① 주어진 한자를 따라 쓰세요.

행 / 공 — 견 원 지 — 間 — 대 장 — 발 / 헐

사이 간

② 어떤 낱말에 대한 설명인지 쓰세요.

1) 스승과 제자 관계 ➡ ☐ ☐ ☐

2) 시간적 간격을 두고 쉬어 가면서 일어남 ➡ ☐ ☐

3) 머리카락이 들어갈 만한 좁은 사이 ➡ ☐ ☐

③ 알맞은 낱말을 찾아 문장을 완성하세요.

1) 줄과 줄 사이 ☐ ☐ 을 읽어야만 의미를 제대로 알 수 있어.

2) 그 말을 듣자 그는 ☐ ☐ 을 찡그렸다.

3) 이 벽의 ☐ ☐ 을 전부 그림으로 채우자.

④ 문장에 어울리는 낱말을 골라 ○표 하세요.

1) 밥을 먹는데 (별안간 / 어중간) 기침이 나서 사레들리고 말았지 뭐예요.

2) 개와 원숭이처럼 만나기만 하면 싸우는 관계를 (견원지간 / 피차간)이라
고 해요.

3) 사이좋은 친구 사이를 (이간질 / 간헐)하는 것은 좋지 않아!

28

5 그림을 보고, 알맞은 낱말을 쓰세요.

1)

눈썹과 눈썹 사이

☐ ☐

2)

소나 말 등의 가축을 기르는 곳

☐ ☐ ☐

3)

안방과 부엌이 벽 없이 하나로 이어진 곳, 함경도 지방의 부엌 형태

☐ ☐ ☐

4)

쇠를 녹여서 칼, 낫 등의 연장을 만드는 곳

☐ ☐ ☐

6 화살표를 따라가면서 나오는 글자를 모아 낱말을 만들어 보세요.

⟶ 예 ⟶ 아니오

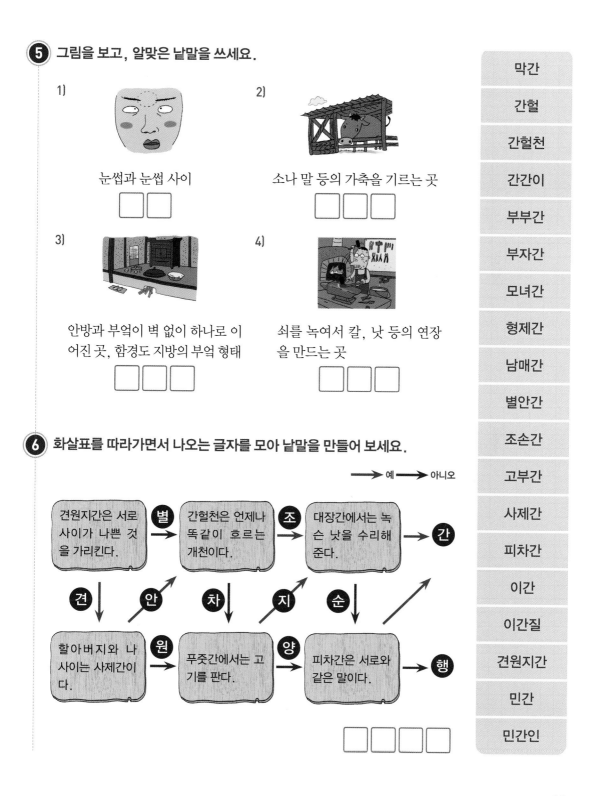

견원지간은 서로 사이가 나쁜 것을 가리킨다.

별

간헐천은 언제나 똑같이 흐르는 개천이다.

조

대장간에서는 녹슨 낫을 수리해 준다.

간

견

안

차

지

순

할아버지와 나 사이는 사제간이다.

원

푸줏간에서는 고기를 판다.

양

피차간은 서로와 같은 말이다.

행

☐ ☐ ☐ ☐

막간
간헐
간헐천
간간이
부부간
부자간
모녀간
형제간
남매간
별안간
조손간
고부간
사제간
피차간
이간
이간질
견원지간
민간
민간인

글자 문

몸에 새긴 문신, 종이에 쓰는 문자!

문(文)은 무늬라는 뜻을 지니고 있어요. 그래서 문신(文身)은 몸에 새긴 무늬죠. 무늬는 한자로 문양이라고도 해요. 옛날부터 많이 쓰던 우리나라의 무늬를 가리켜 한국 전통 문양이라고 한답니다.

하늘의 해, 달, 별의 위치와 움직임이 만들어 내는 무늬를 무엇이라고 할까요? ( )

① 설문   ② 천문   ③ 소문

정답은 ②번 천문이에요. 천체의 무늬라고도 할 수 있어요.
다음 빈칸을 채워 낱말을 완성해 보세요.
천문을 그린 그림은 □□도,
천문을 공부하는 학문은
□□학,
천문학을 공부하는 사람은
□□학도.

文 무늬 문

- **문신**(文 身몸 신)
  몸에 새긴 무늬
- **문양**(文 樣모양 양)
  무늬 모양
- **천문**(天하늘 천 文)
  하늘의 해, 달, 별의 위치와 움직임이 만들어 내는 무늬
- **천문도**(天文 圖그림 도)
  천문을 그린 그림
- **천문학**(天文 學학문 학)
  천문을 공부하는 학문
- **천문학도**
  (天文學 徒무리 도)
  천문학을 공부하는 사람

- **문자**(文 글자 문 字글자 자)
  글자

- **상형 문자**(象본뜰 상 形모양 형 文字)
  모양을 본떠 만든 글자

- **문구**(文 具갖출 구)
  글자를 쓸 때 필요한 도구

- **문구점**(文具 店가게 점)
  문구를 파는 가게

- **문방**(文 房방 방)
  글을 읽거나 쓰는 방
  = 글방 = 서재

- **문방사우**
  (文房 四넉 사 友친구 우)
  문방에 갖추어 두는 네 가지 글쓰기 도구

산의 모습을 보세요. 글자랑 꼭 닮았죠? 옛사람들은 모양을 본떠 글자를 만들기도 했지요. 이처럼 문(文)은 글자를 뜻하기도 해요.

타오르는 불의 모습을 본떠 불 화(火), 흐르는 시내의 모습을 본떠 내 천(川)이란 문자가 되었네요. 이처럼 모양을 본떠 만든 글자를 상형 문자라고 한답니다.

글자를 쓸 때 필요한 연필, 지우개, 공책 등을 문구(文具)라고 해요. 글자를 쓸 때 갖춰야 하는 도구를 말하지요. 그리고 문구를 파는 곳은 문구점이라고 해요.

문방(文房)의 뜻은 무엇일까요? (   )

① 문지방   ② 문이 달린 방   ③ 글을 읽거나 쓰는 방

정답은 ③번 글을 읽거나 쓰는 방이에요. 다른 말로는 글방이나 서재라고도 하지요.
옛사람들은 문방에 글을 쓸 때 필요한 도구를 갖춰 놓았어요. 글을 쓰는 데에는 반드시 네 가지가 필요한데 그것을 문방의 네 친구라고 해서 문방사우라고 불렀답니다. 문방사우는 붓, 종이, 먹, 벼루를 말해요.

붓
종이
먹
벼루

文　문장 문

■ 문장(文 章글 장)
생각이나 느낌이 완전하게 되
도록 글자들을 묶은 것

■ 부정문
(不아닐 부 定정할 정 文)
부정의 뜻을 나타내는 문장

■ 의문문
(疑의심할 의 問물을 문 文)
듣는 이에게 질문하는 문장

■ 문단(文 段구분 단)
문장이 여럿 모여 한 묶음을
이룬 것

글자를 모아 뜻이 통하게 묶어 주니 문장(文章)이 만들어졌어요. 장(章)은 소리 음(音)과 열 십(十)이 합쳐져서 만들어진 글자예요. 소리를 열 개씩 묶었다는 뜻이지요. 글자는 글자 하나당 소리 하나씩이지요. 그래서 문장은 글자를 한 묶음씩 묶었다는 뜻이에요. 생각이나 느낌이 완전하게 나타나도록 글자들을 묶으면 한 문장이 된답니다.

문장은 줄여서 그냥 문(文)이라고 쓰기도 해요.

부정의 뜻을 나타내는 문장은 부정☐,

듣는 이에게 질문하는 문장은 의문☐.

문장이 여럿 모여서 한 묶음을 이룬 것은 무엇일까요? (　　　)

① 문단　　　　　② 문구　　　　　③ 문신

네, 정답은 ①번 문단이에요. 여러 문단(文段)이 모여 한 편의 글이 되지요. 그럼 문단끼리의 구분은 어떻게 할까요? 문단 맨 앞에 한 칸을 띄워 나타내지요.

 여기서 잠깐!

문장에 몇 가지 표시를 해 주었더니 읽기가 훨씬 쉬워졌어요.

., ,, !, ? 등의 표시들을 문장 부호라고 해요. 문장의 뜻을 구분하거나 읽기 쉽게 도와주는 부호를 말해요.

저런, 아이가 글자를 못 읽어서 혼이 났군요. 글자를 모르는 것은 문맹이라고 하지요. 글을 알아야 사람들이 만들어 놓은 여러 가지를 배워서 함께 살아갈 수 있어요. 그래서 문화는 글을 알게 해 가르쳐 이끌다라는 뜻을 가지고 있어요.

글을 배워 읽고 쓰는 것이 사람과 동물의 큰 차이점이기 때문에 사람이 만들어 낸 모든 것도 문화라고 할 수 있어요. 문화를 가지고 만들어 낸 것은 문물이라고 해요.

글을 잘 꾸며 만든 작품이나 글에 관한 학문은 문학이에요.

아이가 글을 열심히 배우더니 글을 쓰는 직업을 갖게 되었어요. 다음 중 글 쓰는 직업이 <u>아닌</u> 것은 무엇일까요? (   )

① 문인   ② 문학가   ③ 문필가   ④ 전문가

정답은 ④번이에요. 전문가는 어떤 분야를 잘 아는 사람을 말해요. 문인과 문필가는 글을 지어 발표하는 일을 전문으로 하는 사람을 말하고, 문학가는 시나 소설 같은 문학 작품을 쓰거나 연구하는 사람을 말해요.

文 글 문

■ **문맹**(文 盲장님 맹)
배우지 못하여 글을 읽거나 쓸 줄 모름 또는 그런 사람

■ **문화**(文 化될 화)
글을 알게 해 가르쳐 이끎, 사람이 동물과 다르게 살게 된 이후부터 만들어 낸 모든 것

■ **문물**(文 物물건 물)
문화를 가지고 만들어 낸 것

■ **문학**(文學)
글을 잘 꾸며 만든 작품 또는 글에 관한 학문

■ **문인**(文 人사람 인)
글을 지어 발표하는 일을 전문으로 하는 사람
= **문필가**(文 筆붓필 家전문가 가)

■ **문학가**(文學家)
문학 작품을 쓰거나 연구하는 사람

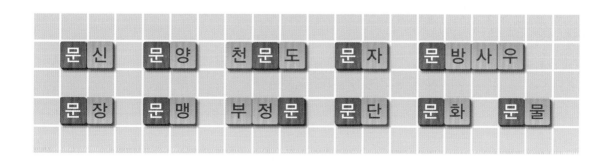

문신

문양

천문

천문도

천문학

천문학도

문자

상형 문자

문구

문구점

문방

문방사우

1 주어진 한자를 따라 쓰세요.

| 신 | | | |
| 자 | 구 점 | 文 | 학 가 |

文
글자 문

맹

화

2 어떤 낱말에 대한 설명인지 쓰세요.

1) 글자 ➡ ☐☐

2) 몸에 그린 그림 ➡ ☐☐

3) 글자를 쓸 때 필요한 도구 ➡ ☐☐

4) 무늬 모양 ➡ ☐☐

3 알맞은 낱말을 찾아 문장을 완성하세요.

1) 문장 끝에 물음표가 있으면 ☐☐☐이야.

2) 붓글씨를 쓸 수 있게 ☐☐☐☐를 갖춰 두면 좋겠어.

3) 난 밤하늘의 별무늬가 좋아서 대학에 가면 꼭 ☐☐☐을 공부할 래.

4) 아프리카에는 글자를 모르는 ☐☐이 많아.

5) 하은이가 시나 소설 쓰는 걸 보면 유명한 ☐☐☐가 될 가능성 이 엿보여.

4 문장에 어울리는 낱말을 골라 ○표 하세요.

1) (문화 / 문단) 구분이 잘 되어 있을수록 글을 읽기가 편해.

2) 오늘 준비물을 학교 앞 (문방 / 문구점)에서 사야지.

5 다음 카드를 사용하여 빈칸에 들어갈 낱말을 쓰세요.

ㅇ	ㅁ	ㄴ	ㅜ	ㅐ	ㅁ

신영 : 너 요즘 봉사 활동을 한다면서? 어디서 해?

효정 : 응. ☐☐인 어르신들께 글자를 가르쳐 드리고 있어.

☐☐

6 다음 글자판에서 빈칸에 들어갈 낱말을 찾아 쓰세요.

장	상	천	향
자	문	장	형

석호 : 이야, 저 산 좀 봐, 뫼 산(山)하고 똑같이 생겼는데?

수빈 : 몰랐어? 원래 뫼 산(山) 자는 산 모양을 본떠 만든 거야.

석호 : 정말? 어쩐지 꼭 닮았더라.

수빈 : 그런 문자를 모양을 본떴다고 해서 ☐☐☐☐(이)라고 한단 말씀!

☐☐☐☐

문장
부정문
의문문
문단
문장 부호
문맹
문화
문물
문학
문인
문필가
문학가

다스리는 일을 하는 사람들

理 다스릴 리

다스리는 일을 하는 사람들을 모두 초대하여 잔치를 열어라.

임금이 다스리는 일을 하는 사람들을 모두 잔치에 초대한다며 벽보를 붙였어요. 벽보에 적혀 있는 理(리)라는 글자는 다스리다라는 말이에요.

잔치에 어떤 사람들이 모일지 빈칸을 완성해 보세요.

재료를 다스려서 음식을 만드는 전문가는 요□사,

건물 등을 맡아서 다스리는 사람은 관□인,

고장 난 물건을 고치고 다스리는 기술자는 수□공,

나라의 일을 다스리는 사람은 국무총□.

머리카락을 다스리는 전문가는 무엇이라고 할까요? (   )

① 리발사   ② 이발사

정답은 ②번 이발사예요.
리(理)라는 한자는 낱말의
맨 앞에 오면, '이'라고 쓰고
읽어요.

난 관리인
난 요리사
난 수리공!
난 이발사!

理 다스릴 리

■ **요리사**
(料재료 요 理 師전문가 사)
재료를 다스려 음식을 만드는 전문가

■ **관리인**
(管맡을 관 理 人사람 인)
건물 등을 맡아서 다스리는 사람

■ **수리공**
(修고칠 수 理 工기술자 공)
고장난 물건을 고치고 다스리는 기술자

■ **국무총리**(國나라 국 務힘쓸 무
總 다 총 理)
나라의 일을 다스리는 사람

■ **이발사**(理 髮머리카락 발 師)
머리카락을 다스리는 전문가

이사(理 事일 사)
회사와 같은 단체에서 중요한 사무를 결정하고 처리하는 일을 하는 사람

이사회(理事 會모일 회)
이사들의 모임

대표 이사(代대신할 대 表나타낼 표 理事)
회사를 대표하는 이사

처리(處처리할 처 理)
일을 다스려 마무리 지음

뒤처리(處理)
어떤 일이 벌어질 뒤에 끝을 처리하는 것

정리(整가지런할 정 理)
흐트러진 것을 가지런히 바로잡아 질서 있게 처리함

대리(代理)
남을 대신하여 일을 처리함

대리인(代理人)
다른 사람을 대신하는 사람

직원이 정신없이 일을 처리하고 있어요. 이때 이사가 나타나 일 처리를 도와준다고 하네요.

이사란 회사와 같은 단체에서 중요한 사무를 결정하고 처리하는 일을 하는 사람을 말해요.

이사들의 모임은 이사회라고 하지요.

이사들 중에서 회사를 대표하는 이사는 대표 이사라고 한답니다.

그럼 이사가 어떻게 일을 처리하는지 볼까요?

먼저, 밀린 업무를 처리해요. 처리란 일을 다스려서 마무리 짓는 것을 말하지요.

어떤 일이 벌어진 뒤에 끝을 처리하는 것은 뒤처리라고 해요.

그다음, 복잡한 서류를 정리해요.

정리란 흐트러진 것을 가지런히 바로잡아 질서 있게 처리하는 것을 말해요.

또, 바쁜 사장을 대리해 회의에 참석해요.

대리란 남을 대신하여 일을 처리하는 것이지요.

그럼 다른 사람을 대신하는 사람은 무엇이라고 부를까요?

바로 대리인이랍니다.

<table>
<tr><td>理</td><td>이치 리</td></tr>
</table>

- **이치**(理 致이룰 치)
  사물의 앞뒤가 들어맞고 정당
  한 모습을 이룸
- **사리**(事사물 사 理)
  사물의 이치
- **궁리**(窮연구할 궁 理)
  사물의 이치를 깊이 연구하는
  것
- **조리**(條맥락 조 理)
  일의 맥락이 이치에 맞음
- **합리**(合합당할 합 理)
  이치에 맞고 합당함
- **이성**(理 性성품 성)
  이치에 따라 사리를 판단하는
  능력
- **이상**(理 想생각할 상)
  생각할 수 있는 가장 이치에 맞
  는 모습
- **지리**(地땅 지 理)
  땅의 이치
- **수리**(數숫자 수 理)
  수의 이치
- **논리**(論논할 논 理)
  말하는 이치
- **심리**(心마음 심 理)
  마음의 이치

임금은 이치에 어긋나게 다스려서는 안 되지요! 이치란 사물의 앞뒤가 들어맞고 정당한 모습을 이루는 것을 말해요. 이처럼 이(理)는 이치라는 뜻으로도 쓰여요.

사물의 이치는 사 ☐,

사물의 이치를 깊이 연구하는 것은 궁 ☐,

일의 맥락이 이치에 맞는 것은 조 ☐.

다음 설명에 알맞은 낱말을 연결하세요.

1) 이치에 맞고 합당함 • • 이 상

2) 이치에 따라 사리를 판단하는 능력 • • 이 성

3) 생각할 수 있는 가장 이치에 맞는 모습 • 합 리

정답은 1) 합리, 2) 이성, 3) 이상이에요.

학문의 이름에도 이치 리(理) 자가 많이 쓰여요.

땅의 이치는 지 ☐,

수의 이치는 수 ☐,

말하는 이치는 논 ☐,

마음의 이치는 심 ☐.

理 | 도리 리

- **도리**(道바른 길 도 理)
  사람이 마땅히 행해야 할 바른 길, 어떤 일을 해 나갈 방법
- **윤리**(倫인륜 윤 理)
  사람으로서 마땅히 지켜야 할 도리
- **의리**(義옳을 의 理)
  사람과의 관계에서 지켜야 할 옳은 도리
- **순리**(順따를 순 理)
  순순히 따라야 할 도리
- **천리**(天하늘 천 理)
  사람이 따라야 할 하늘의 바른 도리
- **비리**(非어긋날 비 理)
  올바른 이치나 도리에서 어긋남
- **어찌할 도리가 없다**
  도무지 어떤 일을 할 방법이 없다

열심히 공부해서 이치를 깨우친 임금님이 도리를 다하지 못한 사또에게 벌을 내렸어요.

도리는 사람이 마땅히 행해야 할 바른 길이라는 뜻이지요.

사람으로서 마땅히 지켜야 할 도리를 윤리라고 해요. 윤(倫)은 사람의 윤리, 인륜을 뜻하지요.

도리라는 뜻을 지닌 낱말들을 더 알아볼까요?

사람과의 관계에서 지켜야 할 옳은 도리는 의▢,

순순히 따라야 할 도리는 순▢,

사람이 따라야 할 하늘의 바른 도리는 천▢.

올바른 이치나 도리에서 어긋난 것을 비리라고 해요.

비리를 행하는 것은 비리를 저지르다라고 말하고,

숨겨진 비리를 들추어내서 밝히는 것은 비리를 적발하다라고 하지요.

도리는 어떤 일을 해 나갈 방법이라는 뜻으로도 쓰여요. 도무지 어떤 일을 할 방법이 없을 때 어찌할 도리가 없다라고 하지요.

요리사 　 관리인 　 수리공 　 처리 　 조리

지리 　 도리 　 궁리 　 이성 　 이상 　 이사

理
다스릴 리

요리사

관리인

수리공

국무총리

이발사

이사

이사회

대표 이사

처리

뒤처리

정리

대리

대리인

이치

사리

❶ 주어진 한자를 따라 쓰세요.

처
정
요　사
理
관　인
도
윤

다스릴 리

❷ 어떤 낱말에 대한 설명인지 쓰세요.

1) 회사를 대표하는 이사 ➡ ☐☐ ☐☐

2) 재료를 다스려 음식을 만드는 전문가 ➡ ☐☐☐

3) 건물 등을 맡아서 다스리는 사람 ➡ ☐☐☐

4) 사람과의 관계에서 지켜야 할 옳은 도리 ➡ ☐☐

❸ 알맞은 낱말을 찾아 문장을 완성하세요.

1) 성수는 앞뒤가 들어맞고 ☐☐ 있게 말을 잘 해.

2) 친구가 가난할 때에도 끝까지 보살펴 주며 ☐☐를 지킨다.

3) 형사는 사건 현장을 보고 범인의 ☐☐를 추리하기 시작했다.

4) 나는 땅의 이치를 공부하는 ☐☐ 과목이 가장 좋아.

5) 도리에 어긋나는 ☐☐를 저지른 사람은 처벌을 받아야 해.

❹ 문장에 어울리는 낱말을 골라 ○표 하세요.

1) 장을 보러 갈 때는 필요한 물건만 사는 (순리 / 합리)적 소비가 필요해.

2) 오늘 열린 이사회에서 (천리 / 처리)할 일이 너무 많아요.

3) 일요일에는 내 책상을 깨끗하게 (조리 / 정리)해야겠어.

❺ 그림을 보고, 알맞은 낱말을 연결하세요.

| 국 | 무 | 총 | 리 | 수 | 리 | 공 | 이 | 발 | 사 | 요 | 리 | 사 |

❻ 설명을 읽고, 알맞은 낱말을 연결하세요.

1) 올바른 이치나 도리에 어긋남 •   • 처리

2) 남을 대신하여 일을 처리함 •   • 대리

3) 일을 다스려서 마무리 지음 •   • 비리

4) 이치에 맞고 합당한 •   • 합리

궁리

조리

합리

이성

이상

지리

수리

논리

심리

도리

윤리

의리

순리

천리

비리

어찌할
도리가 없다

우리 사이의 간격이 너무 멀어

間 사이 간   隔 사이가 뜰 격

유의 한자

양팔 간격 좌우로 나란히!!

"휘익! 양팔 간격 좌우로 나란히!"

체육 시간에 선생님께서 항상 하시는 말씀이죠.

양팔을 벌린 채 나란히 서면 나와 친구 사이에 간격이 생겨요.

간격의 간(間)은 어떤 것들의 사이를 말하고, 격(隔)은 사이가

뜨다, 멀어진다는 것을 뜻해요. 그러니 간격은 떨어져 있거나

벌어져 있는 사이를 뜻하게 되는 것이지요. 이렇게 둘 사이가

떨어지거나 벌어져서 생기는 차이는 격차라고 해요.

간(間)이 들어간 말, 말, 말!

간(間)이 사람들 사이를 말할 때는 서로 간의 관계를 의미해요.

인간(人間)에서의 간(間)이 사람과 사람 사이의 관계를 뜻하는

것이니 인간은 사람 전체를 뜻하는 것이지요.

친구와 나의 사이는 친구 간이에요. 친구 사이라는 뜻이지요.

사이의 간(間)은 시간이나 공간을 나타내는 말에도 많이 쓰여요.

사람이 눈을 깜박이는 것처럼 짧은 시간은 순간이에요.

이렇게 짧은 사이 말고 어느 날부터 다음 어느 날까지 정해진 사

이는 기간이라고 해요.

間 사이 간   隔 사이가 뜰 격

떨어져 있거나 벌어져 있는 사이

■ **격차**(隔 差다를 차)
서로 떨어지거나 벌어져서 생
기는 차이

■ **인간**(人사람 인 間)
사람 전체

■ **친구 간**(親친할 친 舊옛 구 間)
친구 사이

■ **순간**(瞬눈 깜짝할 순 間시간 간)
사람이 눈을 깜박이는 것처럼
짧은 시간

■ **기간**(期약속할 기 間)
어느 날부터 다음 어느 날까지
정해진 사이

그 사이가 길면 장기간, 짧으면 단기간이에요.

해가 뜬 뒤부터 지기 전까지의 사이는 낮 주(晝)를 붙여 주간,

해가 진 뒤부터 다시 뜨기까지의 사이는 밤 야(夜)를 붙여 야간.

그런데 주간은 또 다른 뜻이 있어요. 월요일부터 일요일까지의 일

주일을 한 바퀴 돈다는 뜻의 주(週)를 붙여 주□이라고 해요.

하루 사이는 일□, 한 달 사이는 월□, 일 년 사이는 연□.

둘 사이의 가운데는 가운데 중(中)을 붙여 중간이에요.

손이 바로 닿지 않아 중간에 다른 것을 통해 이어지는 관계는 간

접이라고 해요.

격(隔)이 들어간 말, 말, 말!

격(隔)은 떨어져 있는 것을 뜻하는데,

아주 멀리 떨어져 있을 때는 멀

다는 뜻의 원(遠)을 붙여 원격

이라고 해요.

현격은 의견이나 주장 등이

아주 크게 차이가 난다는 뜻이에요.

시간이 떨어져 있을 때도 격(隔)을 써요.

하루를 건너뛰면 □일, 한 달을 건너뛰면 □월, 1년을 건너

뛰면 □년이에요.

멀리 떨어져 있으면 자연히 다시 만날 수 없게 되기도 하겠죠?

그래서 격은 막히다는 뜻도 지니고 있어요. 서로 멀리 떨어뜨려

서 사이를 막아 버리면 떼어 놓을 이(離)를 붙여 격리라고 해요.

원격 조종으로 혼내 주마!

끼기긱…

엄마야!!

끼기긱…

■ **장기간**(長오랜 장 期때 기 間)
■ **단기간**(短짧을 단 期間)
■ **주간**(晝낮 주 間)
　해가 뜬 뒤부터 지기 전까지의
　사이
■ **야간**(夜밤 야 間)
　해가 진 뒤부터 다시 뜨기까지
　의 사이
■ **주간**(週한 바퀴 돌 주 間)
　월요일부터 일요일까지 한 주일
■ **일간**(一한 일 間)
■ **월간**(月달 월 間)
■ **연간**(年해 년 間)
■ **중간**(中가운데 중 間)
　둘 사이의 가운데
■ **간접**(間 接접할 접)
　손이 바로 닿지 않아 중간에 다
　른 것을 통해 이어지는 관계
■ **원격**(遠멀 원 隔)
　멀리 떨어져 있음
■ **현격**(懸멀리 떨어질 현 隔)
　의견이나 주장 등이 아주 크게
　차이가 남
■ **격일**(隔 日날 일)
■ **격월**(隔月)
■ **격년**(隔年)
■ **격리**(隔막힐 격 離떼어 놓을 리)
　서로 멀리 떨어뜨려 사이를 막
　아버림

야　　　주　　　연　　　격월　　원　　　격일
주간　　일간　　월간　　년　　　격리　　차

눈에 보이지 않는 영혼

靈 신령 영　魂 넋 혼

유의 한자

사람이 죽은 뒤의 세상은 어떨까요?

오래전부터 사람들은 자신들이 죽은 뒤의 세상을 상상하곤 했죠. 사람이 죽으면 몸은 사라져도 눈에 보이지 않는 마음이나 정신은 남는다고 믿었거든요. 그래서 영혼이란 말도 생겨난 것이죠.

영혼의 영(靈)은 신적인 것, 눈에 보이지는 않지만 몸이 죽어도 세상에 남는 어떤 것을 뜻하고, 혼(魂)은 마음과 정신을 뜻해요. 그러니 영혼은 몸이 죽어도 세상에 남는 마음이나 정신이에요. 영혼은 다른 말로 혼령이라고도 해요.

초자연적인 현상에 쓰이는 영(靈)

정직한 나무꾼은 하나뿐인 나무 도끼를 연못에 빠뜨리고는 울고 있자 신령님이 나타나 도끼를 찾아 주고 정직함을 칭찬하며 금 도끼도 같이 주었대요. 신령은 신처럼 신비한 영을 말해요. 신과 같은 존재이지요.

영(靈)은 신비한 현상이나 영혼과 관계된 낱말에 많이 쓰여요. 신기하고 신비스러운 물건이나 짐승은 □물, 신비한 약은 □약, 영물이나 영약을 사용해서 소원을 이루는 신기한 효과를 경험하

靈 신령 영　魂 넋 혼

몸이 죽어도 세상에 남는 마음이나 정신 = 혼령

■ **신령**(神귀신 신 靈)
신비한 영

■ **영물**(靈 物물건 물)
신기하고 신비스러운 물건이나 짐승

■ **영약**(靈 藥약 약)
신비한 약

■ **영험**(靈 驗효과 험)
영물이나 영약을 사용해서 소원을 이루는 신기한 효과를 경험하는 것

■ **영장**(靈 長우두머리 장)
영험하고 신비한 힘을 가진 우두머리, 사람

■ **영감**(靈 感느낄 감)
신기하고 신비한 느낌이나 갑작스러운 예감

는 것은 □험,
영험하고 신비한 힘을
가진 우두머리는 □장이에
요. 바로 사람을 말하지요.
신기하고 신비한 느낌이나 갑

이도끼가
네 것이냐?

펑!

네, **신령님**.
그 도끼는
제 것입니다.

작스러운 예감은 영감이라고 해요. 갑자기 마음에 들어오는 느
낌이라서 영감을 받았다라고 표현한답니다.
죽은 사람의 영혼은 유령 또는 망령이라고 하지요.
죽은 사람의 몸을 두는 곳은 죽은 사람의 영혼을 편안히 모시는
방이라고 해서 영안실이라고 불러요.

사람의 몸 안에 있는 혼(魂)

마음이나 정신을 뜻하는 혼(魂)은 사람의 몸 안에 있다고 해요.
혼은 혼백이라고 해요. 우리말로는 넋이라고 하지요.
옛날 사람들은 사람이 억울하게 죽거나 이 세상에 미련이 남으
면 그 혼이 하늘로 올라가지 못한다고 믿었어요. 그래서 죽은
사람의 혼이 하늘로 올라갈 수 있도록 진정시키고 잘 달랬지요.
죽은 사람의 혼을 위로하는 것을 진□,
죽은 사람의 혼을 달래기 위한 음악을 진□곡,
영혼과 정신을 아울러 이르는 말은 □신.
혼은 마음이나 정신의 결정체이기 때문에 놀라운 의지나 태도를
나타낼 때에도 쓰여요. 투혼은 전투에서 끝까지 싸우려는 정신
을 뜻해요.

■ **유령**(幽귀신 유 靈)
죽은 사람의 영혼
= 망령(亡망할 망 靈)
■ **영안실**
(靈 安편안할 안 室집 실)
죽은 사람의 몸을 두는 곳
■ **혼백**(魂 魄넋 백)
마음이나 정신 = 넋
■ **진혼**(鎭진정할 진 魂)
죽은 사람의 혼을 위로하는 것
■ **진혼곡**(鎭魂 曲악곡 곡)
죽은 사람의 혼을 달래기 위한
음악
■ **혼신**(魂神)
영혼과 정신을 아울러 이르는
말
■ **투혼**(鬪싸울 투 魂)
끝까지 싸우려는 정신

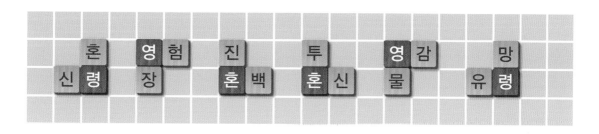

낱말밭
블록 맞추기

① 공통으로 들어갈 낱말을 쓰세요.

간격
격차
인간
친구 간
순간
기간
장기간
단기간
주간
야간
일간
월간
연간
중간
간접
원격
현격
격일
격월
격년
격리

인
야   순 식   □□   원
              리   현

② 주어진 낱말을 넣어 문장을 완성하세요.

1) ┌격│월┐
   └년┘   한 달을 건너뛰면 □□ , 1년을 건너뛰면 □□
          이야.

2) ┌ │순┐
   └기│간┘ 눈을 깜빡이는 것처럼 짧은 시간은 □□ , 어느 날부
            터 다음 어느 날까지 정해진 사이는 □□ 이야.

3) ┌간│격┐
   └ │차┘ 양팔을 벌려 □□ 을 넓히다가 너무 떨어져 □□
            가 생겼어.

③ 문장에 어울리는 낱말을 골라 ○표 하세요.

1) 신나는 방학 (기간 / 간격)은 언제부터 언제까지일까?

2) 요즘에는 멀리서도 (순간 / 원격)으로 조종할 수 있는 비행기가 나왔대.

3) 다른 친구를 통해 (간접 / 직접)적으로 그 얘기를 들었어.

4) 묵은지는 (장기간 / 단기간) 숙성해야 맛이 좋아져.

5) 편의점은 (야간 / 기간)에도 열려 있어.

④ 밑줄 친 '격'이 사이가 뜨다라는 뜻으로 쓰이지 <u>않은</u> 것을 고르세요. (   )

① 원격   ② 현격   ③ 격리

④ 격년   ⑤ 간격

46

1 공통으로 들어갈 낱말을 쓰세요.

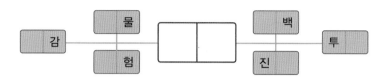

| 영혼 |
| 혼령 |
| 신령 |
| 영물 |
| 영약 |
| 영험 |
| 영장 |
| 영감 |
| 유령 |
| 망령 |
| 영안실 |
| 혼백 |
| 넋 |
| 진혼 |
| 진혼곡 |
| 혼신 |
| 투혼 |

2 주어진 낱말을 넣어 문장을 완성하세요.

1) [혼 / 신 령]
산에 사는 ☐☐이나 죽은 사람의 ☐☐이 진짜 있을까?

2) [투 / 혼 신]
내가 좋아하는 연예인이 촬영장에서 부상 ☐☐을 펼치며 ☐☐을 다한 연기를 했다는 말을 듣고 더 좋아졌어.

3) [영 험 / 약]
마법사가 나오는 책에는 마시면 평생 죽지 않는다는 ☐ ☐한 마법의 ☐☐이 등장해.

4) [망 / 유 령]
무서운 영화에 꼭 등장하는 ☐☐과 ☐☐은 둘 다 죽은 사람의 영혼을 말해.

3 문장에 어울리는 낱말을 골라 ○표 하세요.

1) 간절히 빌면 아이가 생긴다는 (영험 / 영감)한 바위가 있대.

2) 비록 우리 팀이 졌지만 선수들이 끝까지 보여 준 (진혼 / 투혼)은 최고였어.

3) 그 고양이는 사람 말을 잘 알아듣는 게 정말 (영물 / 영약)이에요.

4) 인간은 만물의 (영물 / 영장)이라고 해.

4 '영혼'과 뜻이 다른 것을 고르세요. ( )

① 혼령　　　② 귀신　　　③ 혼백
④ 넋　　　⑤ 진혼

많고 적은 다소, 늙은이와 젊은이 노소

老 늙을 노
多 많을 다
少 적을 소

반의 한자

다소의 의견을 조합해 보았을 때 남녀노소 모두 좋아하는 제주도로 결정되었습니다.

노소는 무슨 말일까요? 늙을 노(老)와 적을 소(少)가 합쳐져 늙은이와 젊은이를 뜻해요.

그럼 다소는 무슨 말일까요? 많을 다(多)와 적을 소(少)가 합쳐져 많고 적음을 뜻해요. 이렇게 소(少)는 수가 적음을 뜻하기도 하고 젊음을 뜻하기도 해요.

다(多)와 소(少)가 들어간 말, 말, 말!

적은 수는 소수예요. 어떤 일을 결정할 때 많은 수인 다수의 의견으로 결정하는 다수결 원칙을 따르죠? 하지만 소수의 의견에도 귀를 기울여야 해요.

나이가 적다는 뜻의 소(少)가 들어간 낱말들도 알아볼까요?

나이가 어린 여자아이는 소녀, 나이가 어린 사내아이는 소년이지요. 모두 아직 완전히 성숙하지 않은 아이를 뜻해요.

청년과 소년을 아울러 청소년, 그 시기를 청소년기라고 해요.

어린아이를 이르는 말인 소아는 작을 소(小)를 써요.

소(少)와 소(小)는 쓰임과 뜻이 헷갈리기 쉽죠?

적을 소(少)는 주로 양과 관계된 말에 쓰여요. 적거나 젊은 것을

多 많을 다
少 적을 소

분량의 많고 적음

■ **노소**(老늙을 노 少)
늙은이와 젊은이
■ **소수**(少 數셈 수)
적은 수
■ **다수**(多數)
많은 수
■ **다수결**(多數 決결단할 결)
다수의 의견으로 결정함
■ **소녀**(少 女여자 녀)
■ **소년**(少 年나이 년)
■ **청소년**(青푸를 청 少年)
청년과 소년을 아울러 부르는 말
■ **청소년기**
(青少年 期기약할 기)
청년과 소년의 시기
■ **소아**(小작을 소 兒아이 아)
어린아이

뜻하죠. 작을 소(小)는 주로 크기와 길이를 비교하는 말로 쓰여요. 작거나 짧다는 뜻이랍니다.

노(老) 자가 들어간 말, 말, 말!

노(老)가 들어가면 늙음을 의미하는 말이 돼요.

늙은 어머니는 노모, 늙거나 약한 사람은 노약자,

늙은 병사는 노병, 결혼하지 않은 나이 많은 남자는 노총각,

결혼하지 않은 나이 많은 여자는? 노처녀겠지요.

나이가 들어 늙은 사람은 노인, 늙은 나이는 노년이에요.

노년기는 노년의 시기예요.

이때는 몸속에 쓸모없는 찌꺼기인 노폐물이 쌓이고, 늙게 되는 노화 현상들로 노쇠해져요.

하지만 늙는 것이 꼭 슬픈 것만은 아니에요.

노인들은 많은 경험으로 오래도록 능숙하게 익혀서 노련하거든요. 그래서 오랜 경험과 공로가 많아 으뜸이 되는 사람인 원로나 나이가 많고 학문과 덕이 높은 사람인 장로로 활약하기도 한답니다.

노모(老 母 어머니 모)

노약자

(老 弱 약할 약 者 사람 자)

늙거나 약한 사람

노병(老 兵 병사 병)

노총각(老 總 묶을 총 角 뿔 각)

결혼하지 않은 나이 많은 남자

노처녀(老 處 살 처 女 여자 녀)

결혼하지 않은 나이 많은 여자

노인(老 人 사람 인)

노년(老 年)

늙은 나이

노년기(老 年 期)

노폐물

(老 廢 그만둘 폐 物 물건 물)

오래되어 쓸모없어진 것

노화(老 化 될 화)

노년기에 나타나는 변화

노쇠(老 衰 쇠할 쇠)

늙어서 몸과 마음이 쇠약함

노련(老 鍊 익힐 련)

오래도록 능숙하게 익힘

원로(元 으뜸 원 老)

오랜 경험과 공로가 많아 으뜸이 되는 사람

장로(長 어른 장 老)

나이가 많고 학문과 덕이 높은 사람

맹서, 서약에 쓰인 맹세 맹(盟), 맹세 서(誓), 맺을 약(約)에는 모두 약속하다라는 뜻이 있어요. 하지만 약속이라고 모두 같지는 않죠?

앞으로의 일에 대해 미리 정하는 가벼운 약속에서부터 선서하고 약속하는 서약, 약속이나 목표를 꼭 실천할 것을 맹세하는 맹서의 순으로 약속의 의미가 강해진답니다.

맹서는 맹세로 쓰이면서 맹세로 굳어졌어요. 그럼 새끼손가락 고이 건 약속에서부터 무시무시한 약속까지 약속에 관한 말들을 찾아볼까요?

말로만 하는 약속은 약(約)

약(約)이 들어간 약속의 말들이 가장 많이 쓰여요. 그래서 말로만 하는 약속이라고도 한답니다. 그런데 한 가지 중요한 조건이 있어요. 오직 상대가 있어서 서로 간에 할 수 있는 약속이라는 것이죠.

결혼을 약속하면 약혼, 조건을 붙여서 약속하는 것은 약조라고 해요. 계약은 약속을 맺는다는 말로 서로 지켜야 할 의무에 대

盟	誓
맹세 맹	맹세 서

약속이나 목표를 꼭
실천하겠다고 맹세함 = 맹세

■ **서약**(誓 約맺을 약)
선서하고 맺은 약속

■ **약속**(約 束묶을 속)
앞으로의 일을 어떻게 할 것인가를 미리 정하여 둠

■ **약혼**(約 婚혼인할 혼)
결혼을 약속함

■ **약조**(約 條가지 조)
조건을 붙여서 약속함

■ **계약**(契맺을 계 約)
약속을 맺음

■ **청약**(請청할 청 約)
계약을 신청함

■ **약정**(約 定정할 정)
약속하여 정함

해 글이나 말로 정하는 것이에요.

계약을 신청하는 청약, 약속해서 정하는 약정을 위해서는 약정서를 작성해요. 약관은 계약에서 정해진 각각의 조항을 말해요. 조직 간의 약속도 있어요. 서로 지키도록 약속한 규칙은 규약, 서로 의논해서 약속을 맺는 것은 협약이에요.

희생이 있는 약속을 맹(盟), 희생이 없는 약속은 서(誓)

약속을 우습게 생각하는 사람들도 있죠?

하지만 어기면 희생이 뒤따르는 약속도 있지요. 맹세를 의미하는 맹(盟)이 들어가는 약속의 말은 지키지 않을 경우 대개 희생이 뒤따르죠!

굳게 맹세한 약속은 ☐약, 피로 굳게 맹세하면 혈☐,

단체나 국가가 같은 목적으로 맹세하여 관계를 맺는 것은 동☐,

서로 돕고 함께할 것을 약속하는 것은 연☐,

연맹에 가입하는 것을 가☐, 가맹한 가게나 상점은 가☐점.

반면 희생이 따르지 않는 약속은 서(誓)로 구분할 수 있어요.

맹세하는 말을 뜻하는 서언,

공개적으로 맹세하는 선서가

있어요.

서(誓)가 들어간 약속은

스스로에게 하는 약속의

의미가 강하답니다.

약정서(約定 書글 서)
약속한 사항을 적은 문서

약관(約 款항목 관)
계약에서 정해진 하나하나의 조항

규약(規법 규 約)
서로 지키도록 약속한 규칙

협약(協화합할 협 約)
의논해서 약속을 맺음

맹약(盟 約)
굳게 맹세한 약속

혈맹(血피 혈 盟)
피로 굳게 맹세함

동맹(同한 가지 동 盟)
단체나 국가가 같은 목적으로 맹세하여 관계를 맺는 약속

연맹(聯연이을 연 盟)
공동의 목적을 가진 단체나 국가가 서로 돕고 함께할 것을 약속함

가맹(加더할 가 盟)
연맹에 가입함

가맹점(加 盟 店가게 점)
가맹한 가게나 상점

서언(誓 言말씀 언)
맹세하는 말

선서(宣널리 펼 선 誓)
공개적으로 맹세하는 일

선서! 나는 앞으로 크면 우리 반 민지와 결혼할 것을 선서합니다.

오! 결혼한대.

쿵쾅! 쿵쾅!

1 공통으로 들어갈 낱말을 쓰세요.

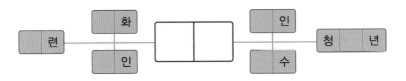

다소
노소
소수
다수
다수결
소녀
소년
청소년(기)
소아
노모
노약자
노병
노총각
노처녀
노인
노년(기)
노폐물
노화
노쇠
노련
원로
장로

2 주어진 낱말을 넣어 문장을 완성하세요.

1) [소 | 녀]
    [년]
    나이 어린 여자아이는 [ ][ ]이고, 나이 어린 사내아이는 [ ][ ]이다.

2) [노 | 처 | 녀]
    [총]
    [각]
    결혼하지 않은 나이 많은 남자는 [ ][ ][ ]이고,
    결혼하지 않은 나이 많은 여자는 [ ][ ][ ]야.

3) [노 | 화]
    [련]
    노년기에 [ ][ ]가 일어나지만, 노년기에는 오래도록
    능숙하게 익힌 [ ][ ]함이 있다.

4) [　 | 장]
    [원 | 로]
    오랜 경험이 많아 으뜸이 되는 사람은 [ ][ ], 나이가
    많고 학문과 덕이 높은 사람은 [ ][ ]예요.

3 문장에 어울리는 낱말을 골라 ○표 하세요.

1) 우리는 모두 청년과 소년의 시기인 (소아 / 청소년기)를 겪어.

2) 나이가 들어 주름진 (노소 / 노모)의 얼굴을 보니 눈물이 났다.

4 '소' 자가 소(小)로 쓰인 것을 고르세요. (　　)

① 소수　　　　② 소녀　　　　③ 청소년

④ 소아　　　　⑤ 소년

1 공통으로 들어갈 낱말을 쓰세요.

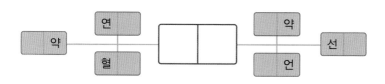

2 주어진 낱말을 넣어 문장을 완성하세요.

1) | 약 | 속 |
   | 혼 | |

결혼을 약속하는 것은 ▢▢, 앞으로 어떻게 할 것

인가 미리 정하는 것은 ▢▢이다.

2) | 계 | 약 |
   | | 조 |

약속을 맺는 것은 ▢▢이라 하고, 조건을 붙여서 약

속하는 것은 ▢▢이다.

3) | | 동 |
   | 혈 | 맹 |

단체나 국가가 같은 목적으로 맹세해서 관계를 맺는 ▢

▢ 중에는 피로 굳게 맹세하는 ▢▢도 있다.

4) | 선 | |
   | 서 | 언 |

맹세하는 말은 ▢▢이고, 맹세를 공개적으로 한다

면 ▢▢라고 한다.

3 문장에 어울리는 낱말을 골라 ○표 하세요.

1) 나랑 결혼해 준다고 (약관 / 약속)해 줘.

2) 스무 살이 되는 날, 우리 처음 만난 곳에서 결혼한다고 (약조 / 악수)해 줘.

3) 검은 머리 파뿌리 될 때까지 나만 사랑하겠다고 (가맹 / 맹서)하지?

4) 아들 딸 구별 말고 열 명만 낳아 잘 기르기로 (서언 / 가맹)한 거다!

4 약속과 관련된 낱말이 <u>아닌</u> 것을 고르세요. (   )

① 청약   ② 연약   ③ 연맹

④ 서언   ⑤ 선서

맹서
맹세
서약
약속
약혼
약조
계약
청약
약정
약정서
약관
규약
협약
맹약
혈맹
동맹
연맹
가맹(점)
서언
선서

낱말밭 : 어휘 관계

보는 방법도 가지가지

監 볼 감　視 볼 시

동의 한자

내가 **감시**하고 있으니까 절대로 안돼.

헉헉…

사료

새로 사온 사료가 맛있는지 강아지가 자꾸만 더 달라고 보채네요. 나 몰래 사료를 훔쳐 먹을지 모르니까 눈을 크게 뜨고 감시해야 해요.

감시는 볼 감(監), 볼 시(視)로 이루어진 낱말이에요. 글자는 다르지만 모두 보다는 뜻이니 감시는 아주 주의 깊게 본다는 뜻이겠지요?

이렇게 보다는 뜻의 한자로 된 낱말들을 알아볼까요?

보다는 뜻을 가진 감(監), 시(視)가 들어간 말, 말, 말!

시험 볼 때 옆 친구의 답을 훔쳐 보면 안 돼요. 훔쳐 보다가 시험 감독 선생님께 들켜서 혼날지도 몰라요.

어떤 일이 잘못되지 않도록 살펴서 단속하는 것을 감독이라고 해요.

감독하고 조사하는 것은 감사(監査)예요.

고맙다고 인사하는 감사(感謝)와는 한자가 전혀 달라요.

이번에는 보다의 뜻을 가진 시(視)예요.

눈으로 볼 수 있는 감각은 □각,

監 볼 감	視 볼 시
주의 깊게 봄	

■ **감독**(監 督감독할 독)
일이 잘못되지 않도록 살펴서 단속하는 것

■ **감사**(監 査조사할 사)
감독하고 조사하는 것

■ **시각**(視 覺깨달을 각)
눈으로 볼 수 있는 감각

■ **시각**(視 角뿔 각)
사물을 관찰하고 파악하는 기본적인 자세

사물을 관찰하고 파악하는 기본적인 자세도 ☐각.

두 사람은 문화에 대한 시각의 차이가 있다고 표현하죠.

텔레비전을 눈으로 보고 귀로 듣는 ☐청,

두루 돌아다니며 실제의 사정을 살피는 ☐찰이에요.

보다는 뜻을 가진 견(見), 관(觀), 간(看)이 들어간 말, 말, 말!

학교에서 견학 가 본 적 있지요? 많이 보고 배우는 것은 견학이

에요. 보고 듣는 것, 보거나 들어서 깨달아 얻은 지식은 견문,

어떤 일에 대한 자기의 의견이나 생각은 견해.

자세히 살펴보는 것은 볼 관(觀)을 써서 관찰이에요.

다른 곳에 가서 구경하는 것은 ☐광,

☐객은 운동 경기, 공연, 영화 등을 보는 사람이고요.

볼 간(看) 자도 있어요.

문제를 해결하려면 문제의 핵심을 간파해야 해요.

간파는 속을 꿰뚫어 보아 알아차리는 것이에요.

작아 보이는 문제라도 간과해서는 안 돼요.

간과는 대강 보고 지나치는 것이에요.

☐판은 가게 이름을 눈에 잘 띄게 걸어 놓은 표지판이에요.

- **시청**(視 聽들을 청)
  눈으로 보고 귀로 듣는 것
- **시찰**(視 察살필 찰)
  두루 돌아다니며 실제의 사정
  을 살피는 것
- **견학**(見볼 견 學배울 학)
  보고 배우는 것
- **견문**(見 聞들을 문)
  보거나 들어서 깨달아 얻은 지식
- **견해**(見 解풀 해)
  어떤 일에 대한 자기의 의견이
  나 생각
- **관찰**(觀볼 관 察)
  자세히 살펴보는 것
- **관광**(觀 光빛 광)
  다른 곳에 가서 구경하는 것
- **관객**(觀 客손 객)
  운동 경기, 공연, 영화 등을 보
  는 사람
- **간파**(看볼 간 破깨뜨릴 파)
  속을 꿰뚫어 보아 알아차리는
  것
- **간과**(看 過지날 과)
  대강 보고 지나치는 것
- **간판**(看 板널빤지 판)
  가게 이름을 눈에 잘 띄게 걸어
  놓은 표지판

산성비로 무너진 산성

산 성 ≠ 산 성
酸 性 山 城

동음이의어

이렇게 산성비가 계속 내리면 산성이 무너지겠어!

산성비 맞으면 머리카락 빠져요!

저런! 환경 오염으로 산성비가 내리면서 산성(山城)도 무너질 지경이네요. 둘 다 소리가 같은 '산성'이지만 뜻이 달라요. 산성비의 산성(酸性)은 pH가 7보다 낮은 물질의 성질을 말하고, 산성(山城)은 적의 침입을 막기 위해 산 위에 쌓은 성을 말해요.

소리는 같은데 뜻이 다른 말, 말, 말!

지영이는 사회(社會) 시간에 열린 토론에서 사회(司會)를 봤어요.

사회(社會)는 모든 인간 집단을, 사회(司會)는 맡을 사(司)를 붙여 모임을 맡아 진행한다는 뜻이에요. 사회를 본다고 표현하죠.

모든 성인(成人)이 성인(聖人)은 아니에요.

이룰 성(成)이 쓰인 성인(成人)은 어른이란 뜻이에요. 성스러운 성(聖)이 쓰인 성인(聖人)은 지혜와 덕이 매우 뛰어나 성스러운 사람을 말해요. 소크라테스, 석가, 공자와 예수는 세계 4대 성인(聖人)이라고 하지요.

酸 초산	性 성품 성
물에 녹았을 때에 pH가 7보다 낮은 물질의 성질	

■ 산성(山산산 城성성)
산 위에 쌓은 성

■ 사회(社단체사 會모임회)
모든 인간 집단

■ 사회(司맡길사 會)
회의나 예식 따위를 진행함

■ 성인(成이룰성 人사람인)
자라서 어른이 된 사람

■ 성인(聖성스러울성 人)
지혜와 덕이 매우 뛰어나 길이 우러러 본받을 만한 사람

■ 소화(消사라질소 火불화)
불을 끔

■ 소화(消 化될화)
음식이 위장에서 분해되면서 에너지로 변하는 현상

주변에서 쓰이는 소리가 같고 뜻은 다른 말, 말, 말!

소화(消火) 현장에서 애를 썼더니 벌써 소화(消化)가 다 됐어!

소화(消火)는 불을 끄는 것, 소화(消化)는 음식이 위장에서 분해되면서 에너지로 변하는 현상을 뜻해요.
둘 다 사라질 소(消)를 쓰지만 불을 끌 때는 불 화(火)를 쓰고, 소화가 다 되었다고 할 때는 될 화(化)를 써요.

인류는 진화(進化)해 오면서 다양한 진화(鎭火) 방법을 개발했어.

진화(進化)는 일이나 사물 따위가 점점 발달하는 것이고, 진화(鎭火)는 불이 난 것을 끄는 것이에요.

시청(市廳)은 시의 행정 사무를 맡아보는 기관, 시청(視聽)은 볼 시(視)와 들을 청(聽)이 만나 눈으로 보고 귀로 듣는 것이에요.
시계(時計)는 시간을 알려 주는 기계나 장치, 시계(視界)는 눈으로 볼 수 있는 범위예요.
물처럼 투명한 보석인 크리스탈도 수정(水晶), 틀린 것을 바로잡는 것도 수정(修正)이에요.
긴 시간 중 어느 한 시점, 한때를 콕 집어서 말할 때 시각(時刻)이라고 하고, 어떤 대상을 보는 관점도 시각(視角)이라고 해요.

■ **진화**(進나아갈 진 化)
일이나 사물 따위가 점점 발달하여 감
■ **진화**(鎭진압할 진 火)
불이 난 것을 끔
■ **시청**(市도시 시 廳관청 청)
시의 행정 사무를 맡아보는 기관
■ **시청**(視볼 시 聽들을 청)
눈으로 보고 귀로 들음
■ **시계**(時때 시 計헤아릴 계)
시간을 재거나 시각을 나타내는 기계나 장치
■ **시계**(視 볼 시 界지경 계)
시력이 미치는 범위
■ **수정**(水물 수 晶투명할 정)
무색투명한 석영의 하나
■ **수정**(修고칠 수 正바를 정)
바로잡아 고침
■ **시각**(時 刻새길 각)
시간의 어느 한 시점 / 짧은 시간
■ **시각**(視 角뿔 각)
사물을 관찰하고 파악하는 기본적인 자세

사 회	≠	사 회		소 화	≠	소 화		시 각	≠	시 각
社 會		司 會		消 火		消 化		時 刻		視 角

낱말밭
블록 맞추기

監 視
볼 감　볼 시

1 공통으로 들어갈 낱말을 쓰세요.

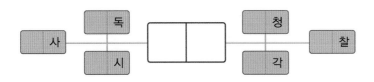

사	독			청		찰
	시			각		

2 주어진 낱말을 넣어 문장을 완성하세요.

1) 감 독
　 사
일이 잘못되지 않도록 살펴서 단속하는 것은 ☐☐,
감독하고 조사하는 것은 ☐☐다.

2) 시 청
　 찰
눈으로 보고 귀로 듣는 것은 ☐☐, 두루 돌아다니며
실제의 사정을 살피는 것은 ☐☐이다.

3) 견 학
　 문
보고 배우는 것은 ☐☐, 보고 들어서 깨달아 얻은 지
식은 ☐☐이다.

4) 간 과
　 판
대강 보고 지나치는 것은 ☐☐, 가게 이름을 눈에 잘
띄게 걸어 놓은 표지판은 ☐☐이다.

3 문장에 어울리는 낱말을 골라 ○표 하세요.

1) 이 문제를 어떻게 해결하면 좋을지 자신의 (견해 / 견문)를(을) 밝혀 보세요.
2) 앞으로 동식물의 생태를 자세히 (관광 / 관찰)해 보고 싶습니다.
3) 상대방의 약점을 (간파 / 간과)해야 경기에서 이길 수 있어요.

4 보는 것과 관련된 낱말이 <u>아닌</u> 것을 고르세요. (　　)

① 감시　　　　② 시간　　　　③ 간파
④ 관찰　　　　⑤ 시청

| 감시 |
| 감독 |
| 감사 |
| 시각 |
| 시청 |
| 시찰 |
| 견학 |
| 견문 |
| 견해 |
| 관찰 |
| 관광 |
| 관객 |
| 간파 |
| 간과 |
| 간판 |

산 성 ≠ 산 성
酸 性   山 城

1 설명을 보고, 알맞은 낱말을 쓰세요.

1) 모든 인간 집단 → ☐☐

2) 회의나 예식 따위를 진행함 → ☐☐

2 주어진 낱말을 넣어 문장을 완성하세요.

1)
| 산 | 성 | ≠ | 산 | 성 |
| 酸 | 性 | | 山 | 城 |

산 위에 쌓은 성은 ☐☐, 물에 녹았을 때 pH가 7보다 낮은 물질도 ☐☐이라고 해.

2)
| 시 | 각 | ≠ | 시 | 각 |
| 時 | 刻 | | 視 | 角 |

시간의 어느 한 시점은 ☐☐, 사물을 보는 관점도 ☐☐이야.

3)
| 성 | 인 | ≠ | 성 | 인 |
| 成 | 人 | | 聖 | 人 |

자라서 어른이 된 사람은 ☐☐이고, 지혜와 덕이 매우 뛰어나 길이 우러러 본받을 만한 사람도 ☐☐이야.

3 문장에 어울리는 낱말을 골라 ○표 하세요.

1) 안개가 끼어서 광장의 (시계 / 시각)이(가) 안 보여.

2) 문장 중에 틀린 글자가 있어. 얼른 (수정 / 소화)하자.

3) TV를 (시각 / 시청)할 때는 소리를 너무 크게 하면 안 돼.

4 밑줄 친 낱말이 알맞게 쓰인 것을 고르세요. (　　)

① 어쩐지 소화(消火)가 잘 안 되고 배가 아픈걸?

② 발렌타인 데이는 성 발렌타인이라는 성인(成人)을 기념하는 날이야.

③ 수정(水晶)으로 장식된 반지가 참 예쁘더라.

④ 오늘 삼촌은 친구의 결혼식에서 사회(社會)를 본대.

⑤ 엊그제 새로 산 시계(視界)를 잃어버렸어.

산성(酸性)
산성(山城)
사회(社會)
사회(司會)
성인(成人)
성인(聖人)
소화(消火)
소화(消化)
진화(進化)
진화(鎮火)
시청(市廳)
시청(視廳)
시계(時計)
시계(視界)
수정(水晶)
수정(修正)
시각(時刻)
시각(視角)

맹장이나 충수나 아픈 곳은 같아

맹 장 ≒ 충 수

유의어

충수염입니다.

맹장염이요? ㅠㅠ

아이고 배야~

우리가 보통 맹장염이라고 알고 있는 병명은 정확히는 충수염 이랍니다. 맹장은 우리 몸의 소장과 대장 사이의 주머니 모양의 장기이고, 충수는 맹장의 끝에 돌기 부분이지요. 그러니까 충수 는 맹장의 한 부분인 거예요. 맹장은 좀 더 일상적으로 쓰이고 충수는 보통 병원에서 쓰는 전문 용어지요.

같은 뜻을 가진 고유어와 한자어

쓸개는 간에서 분비되는 쓸개즙을 일시적으로 저장하는 주머니 에요. 한자어로는 담낭이라고 한답니다.

쓸개는 비유적으로 줏대를 뜻하기도 해요. 쓸개 빠진 사람이란 말은 줏대도 없다는 말이지요. 하지만 담낭은 그런 비유적인 뜻 을 나타내지는 않아요.

콩팥과 신장도 같은 뜻을 나타내는 말이에요.

신장의 모양이 강낭콩처럼 생기고 색깔은 팥죽색이어서 콩팥이 라고 이름 붙었지요. 하지만 '콩팥'이라고 하면 곡식인 콩팥을 뜻할 수도 있기 때문에 신장을 전문 용어로 써요.

盲 눈이 멀 맹 | **腸** 창자 장

우리 몸의 소장과 대장 사이의 주머니 모양 장기
≒ 충수(蟲벌레 충 垂드리울 수)

■ **쓸개**
간에서 분비되는 쓸개즙을 일 시적으로 저장하는 주머니
≒ 담낭(膽쓸개 담 囊주머니 낭)

■ **쓸개 빠진 사람**
줏대가 없는 사람

■ **콩팥**
척추동물의 비뇨 기관과 관련 된 장기의 하나
≒ 신장(腎콩팥 신 臟오장 장)

갈비뼈와 늑골은 가슴을 이루는 뼈로 같은 말이에요. 하지만 동물에게는 늑골이라는 표현을 쓰지 않아요. 소갈비, 돼지갈비라는 말은 있지만 소 늑골이라고는 쓰지 않지요.

늑골이 골절되었네요.

아이고, 내 **갈비뼈**…

낱말과 단어도 말의 가장 바탕이 되는 단위를 말해요. 낱말은 고유어, 단어는 한자어예요.

뜻은 같지만 쓰임은 다른 말, 말, 말!

짝짓기와 교배는 암수 짝을 지어 준다는 뜻이에요.

교배는 서로 교(交)와 짝지을 배(配)가 합쳐진 말이에요.

일반적으로 짝짓기는 동물에게만 써요. 교배는 식물의 경우에 쓰고, 동물에게 쓸 경우 인위적으로 암수 수정을 할 때 사용해요. 그리고 짝짓기는 암수 짝을 지어 주는 것뿐 아니라 짝을 짓는 모든 경우에 폭넓게 써요.

기름은 물보다 가볍고 불에 잘 타는 물질을 말해요. 지방(脂肪)이라고도 해요. 하지만 기름은 상온에서 액체이고, 지방은 고체인 경우가 많아요.

소금은 음식의 짠맛을 내는 물질이에요. 이 물질을 과학 시간에는 염화나트륨이라고 해요. 하지만 소금과 염화나트륨이 아주 똑같은 물질은 아니에요.

갈비뼈
가슴을 이루는 뼈
≒ 늑골(肋갈비 늑 骨뼈 골)

낱말
말의 가장 바탕이 되는 단위
≒ 단어(單홑 단 語말씀 어)

짝짓기
암수 짝을 지어 주는 것
≒ 교배(交서로 교 配짝지을 배)

기름
물보다 가볍고 불에 잘 타는 물질
≒ 지방(脂기름 지 肪기름 방)

소금
음식의 짠맛을 내는 물질
≒ 염화나트륨

| 콩팥 | ≒ | 신장 | 짝짓기 | ≒ | 교배 | 갈비뼈 | ≒ | 늑골 | 기름 | ≒ | 지방 | 쓸개 | ≒ | 담낭 |

정의로움에 대한 정의

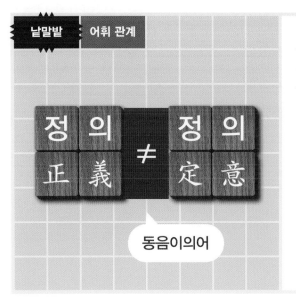

정의 ≠ 정의
正義 　定意

동음이의어

정의에 대해 정의해 보자.

정의란 무엇인가?

무슨 말씀이심?

"정의(正義)에 대한 정의(定意)를 내려 볼까요?"
앞에 나온 정의(正義)는 옳고 바른 도리를, 뒤에 나온 정의(定意)는 어떤 것의 뜻을 밝혀 정하는 것을 말해요. 그러니까 정의에 대한 정의를 내린다는 것은 정의로움에 대한 뜻을 밝힌다는 말이겠죠? 둘은 한글은 같지만, 한자도 뜻도 다른 말이랍니다.

한자 뜻을 모르면 헷갈리는 낱말

공정(公正)은 공평하고 올바르다는 뜻, 공정(工程)은 물품을 만드는 과정을 뜻해요.
'공정한 심사', '생산 공정' 등 쓰임도 다르죠.
정상(頂上)은 맨 꼭대기를 말해요. 설악산 정상에 오른다고 할 때처럼요. 그런데 이 정상(頂上)은 어떤 분야의 최고가 되는 사람이나 대통령 같은 최고 권력자를 뜻하기도 해요. 각국 정상들이 모여 회담을 열었다는 표현, 들어본 적 있죠?
아예 다른 의미로 쓰이는 '정상'도 있어요.
"기계가 정상이야."라고 할 때의 정상(正常)은 변동이나 탈 없이 제대로인 상태를 말해요.

正	義
바를 정	옳을 의
옳고 바른 도리	

■ **정의**(定정할 정 意뜻 의)
어떤 말이나 사물의 뜻을 밝혀서 정하는 것

■ **공정**(公공평할 공 正)
공평하고 올바름

■ **공정**(工만들 공 程단위 정)
물품을 만드는 과정

■ **정상**(頂꼭대기 정 上위 상)
맨 꼭대기, 어떤 분야의 최고가 되는 사람, 대통령 같은 최고 권력자

■ **정상**(正常항상 상)
변동이나 탈이 없이 제대로인 상태

■ **주장**(主 將장차 장)
운동 경기에서 팀을 이끄는 선수

운동 팀에서 대표로 선수
들을 이끄는 사람을 주장
(主將)이라 하죠? 그런
데 자기 생각이나 의견을
굳게 내세우는 것도 주장
(主張)이라고 해요.
전기가 통했다고 할 때의

모든 **공정**을 **공정**하게
감시하러 나왔습니다.

○○제 과

전기(電氣)는 물질 안의 전자들이 움직여서 생기는 에너지를,
위인 전기를 읽었다고 할 때의 전기(傳記)는 실제 어떤 사람이
살아온 이야기를 기록한 것을 말해요.

문장 속에서 소리는 같은데 뜻은 다른 말, 말, 말!

- 오늘은 부모님과 <u>토성(土城)</u>에 올라 <u>토성(土星)</u>을 관측했어.
  　　　　　　　　흙으로 쌓은 성　　　흙의 별이라는 이름을 가진 행성
- 어제는 천체 망원경을 <u>주문(注文)</u>했어요.
  　　　　　　어떤 것을 만들거나 보내 달라거나, 어떤 일을 해 달라고 하는 것
- 마을의 마법사가 나와 <u>주문(呪文)</u>을 외웁니다.
  　　　　　　요술을 부리거나 점을 칠 때 외는 말
- <u>지방(地方)</u>마다 매년 축제가 열려요.
  일정한 기준에 따라 나눈 땅
- 이 고기에는 <u>지방(脂肪)</u>이 많아 느끼해요.
  　　　　물이나 식물에 들어 있는 기름
- 마을마다 <u>풍속(風俗)</u>이 조금씩 다르네요.
  옛날부터 한 사회에 이어져 내려오는 생활 습관
- <u>풍속(風速)</u>이 엄청 센걸?
  바람이 부는 속도

■ **주장**(主주인 주 張크게 할 장)
자기 생각이나 의견 같은 것을
굳게 내세우는 것

■ **전기**(電전기 전 氣공기 기)
물질 안에 있는 전자들이 움직
여서 생기는 에너지

■ **전기**(傳전기 전 記기록할 기)
어떤 사람이 평생 살아온 이야
기를 기록한 것

■ **토성**(土 城성 성)
흙으로 쌓은 성

■ **토성**(土 星별 성)
흙의 별이라는 이름의 행성

■ **주문**(注물댈 주 文글월 문)
어떤 것을 만들거나 보내 달라
거나 해 달라고 하는 것

■ **주문**(呪빌 주 文)
요술을 부리거나 점을 칠 때 외
는 말

■ **지방**(地땅 지 方방위 방)
일정한 기준에 따라 나눈 땅

■ **지방**(脂기름 지 肪기름 방)
동물이나 식물에 들어 있는 기름

■ **풍속**(風바람 풍 俗풍속 속)
옛날부터 한 사회에 이어져 내
려오는 생활 습관

■ **풍속**(風 速빠를 속)
바람이 부는 속도

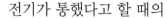

공 정	≠	공 정		지 방	≠	지 방		풍 속	≠	풍 속
公 正		工 程		地 方		脂 肪		風 俗		風 速

1 [보기]와 같이 뜻이 같은 낱말을 쓰세요.

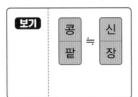

보기 | 콩팥 ≒ 신장

1) 기름 ≒ [   ]

2) 짝짓기 ≒ [   ]

2 주어진 낱말을 넣어 문장을 완성하세요.

1) 맹장 ≒ 충수

우리 몸의 소장과 대장 사이의 주머니 모양의 장기를 일상적으로 [ ][ ]이라 하고, 같은 뜻으로 병원에서는 [ ][ ]라고 해.

2) 쓸개 ≒ 담낭

간에서 분비되는 쓸개즙을 일시적으로 저장하는 장기를 우리말로 [ ][ ]라고 하는데, 같은 뜻을 가진 한자어는 [ ][ ]이야.

3 문장에 어울리는 낱말 중 우리말로 된 낱말을 골라 ○표 하세요.

1) 줏대 없는 사람을 일컬어 (쓸개 / 담낭) 빠진 사람이라고 해.

2) 다이어트를 하려면 (지방 / 기름)이 많이 함유된 식품은 피해야 해.

3) 글을 잘 쓰려면 (낱말 / 단어)을(를) 풍부하게 사용해야 해.

4 짝 지은 단어의 관계가 <u>다른</u> 것을 고르세요. (   )

① 콩팥 – 신장 ② 갈비뼈 – 척추 ③ 단어 – 낱말

④ 지방 – 기름 ⑤ 소금 – 염화나트륨

맹장
충수
쓸개
담낭
쓸개 빠진 사람
콩팥
신장
갈비뼈
늑골
낱말
단어
짝짓기
교배
기름
지방
소금
염화나트륨

정의(正義) ≠ 정의(定意)

① [보기]와 같이 동음이의어를 쓰세요.

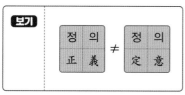

보기

정의(正義) ≠ 정의(定意)

1) 公正 ≠ 工程

2) 主將 ≠ 主張

② 주어진 낱말을 넣어 문장을 완성하세요.

1) 전기(電氣) ≠ 전기(傳記)

에디슨은 □□를 이용한 발명품을 많이 만들었다. 나는 에디슨의 □□를 읽고 발명가의 꿈을 가지게 되었다.

2) 주문(注文) ≠ 주문(呪文)

엄마가 홈쇼핑으로 동화책을 □□했다. 동화 책 속 마녀가 □□을 외우자 왕자가 개구리로 변했다.

③ 문장에 어울리는 낱말을 골라 ○표 하세요.

1) 태풍의 최대 (풍속(風俗) / 풍속(風速))은 얼마입니까?

2) 트랜스 (지방(脂肪) / 지방(地方))은 몸에 무척 해롭다고 한다.

3) 힘든 등산 끝에 설악산 (정상(頂上) / 정상(正常))에 도착했다.

④ 다음 중 밑줄 친 낱말이 잘못 쓰인 것을 고르세요. (　　)

① 이곳은 남북정상(頂上)회담이 열린 역사적인 곳이다.

② 그 핸드백은 모든 공정(工程)이 사람 손으로 이루어진다.

③ 설날에는 떡국을 먹는 풍속(風俗)이 있다.

④ 오늘 국어시간에 시의 정의(定意)에 대해 배웠다.

⑤ 성민이는 2년 동안 야구부 주장(主將)이었다.

정의(正義)
정의(定意)
공정(公正)
공정(工程)
정상(頂上)
정상(正常)
주장(主將)
주장(主張)
전기(電氣)
전기(傳記)
토성(土城)
토성(土星)
주문(注文)
주문(呪文)
지방(地方)
지방(脂肪)
풍속(風俗)
풍속(風速)

동고동락(同苦同樂)의 동(同)은 함께함, 고(苦)는 괴로움, 낙(樂)은 즐거움이죠. 괴로움과 즐거움을 모두 함께한다는 말이니 정말 친한 사이겠네요. 그런데 그림 속 친구처럼 같이 있으면서 다른 마음을 품고 있는 것을 동상이몽(同床異夢)이라고 해요. 같은 자리에 자면서 다른 꿈을 꾼다는 말이죠! 겉으로는 같이 행동하면서도 속으로는 각각 딴생각을 하고 있음을 말해요.

횡설수설에서 설상가상까지

이처럼 네 글자로 된 한자 성어를 사자성어라고 한답니다. 이런 사자성어가 어떻게 쓰이는지 알아볼까요?

"경찰 질문에 횡설수설(橫說竪說) 답을 하는 게 수상해요."
가로로 말했다가 세로로 말했다 함
횡설수설은 앞뒤가 맞지 않게 말하는 것을 말해요.

"나 지금 비몽사몽(非夢似夢) 정신이 없어."
꿈이 아니거나 꿈같기도 함
비몽사몽은 잠든 것도 깬 것도 아닌 몽롱한 상태예요.

"너 왜 내 질문에 동문서답(東問西答)이야?"
동쪽에서 물었더니 서쪽에서 답했다는 말
동문서답은 물음과는 전혀 딴판인 엉뚱한 대답을 하는 것이지요.

同	苦	同	樂
같을 동	괴로울 고	같을 동	즐거울 락

괴로움도 즐거움도 함께함

- **동상이몽**(同 같을 동 床 상 상 異 다를 이 夢 꿈 몽)
겉으로는 같이 행동하면서 속으로는 각각 딴생각을 함

- **사자성어**(四 넷 사 字 글자 자 成 이룰 성 語 말씀 어)
네 글자로 된 한자 성어

- **횡설수설**(橫 가로 횡 說 이야기 설 竪 세로 수 說)
앞뒤가 맞지 않게 말함

- **비몽사몽**(非 아닐 비 夢 似 같을 사 夢)
잠든 것도 깬 것도 아닌 몽롱한 상태

- **동문서답**(東 동녘 동 問 물을 문 西 서녘 서 答 대답할 답)
물음과는 전혀 상관없는 엉뚱한 대답

"왜 이리 정신 못 차리고
우왕좌왕(右往左往)이야?"
오른쪽으로 갔다 왼쪽으로 갔다 왔다 갔다 함
우왕좌왕은 어떻게 할지 몰
라서 이러저리 왔다 갔다 하

며 일이나 방향을 잡지 못하는 것을 뜻해요.
"욕실에서 미끄러졌는데 머리 위에 샴푸 통까지 떨어졌다니…
이건 설상가상(雪上加霜)이야."
눈 위에 서리가 덮힘
설상가상은 처한 일이나 불행한 일이 잇따라 일어났을 때 쓰는
말이에요.

팔방미인에서 우유부단까지

주변에 잘생기고 이것저것 다 잘하는 친구들이 있나요? 예로부
터 그런 사람은 팔방미인(八方美人)이라고 불렀어요.
팔방(八方)은 여러 방향, 모든 방면을 이르는 말이고, 미인(美
人)은 아름다운 사람을 이르는 말이에요. 그러니 팔방미인은 여
러 방면에 능통한 사람을 이르는 말인 거죠.
아버지와 아들이 닮았을 때 종종 부전자전(父傳子傳)이라고 하죠?
부전(父傳)은 아버지가 물려주고, 자전(子傳)은 아들이 이어받
았다는 뜻으로, 아버지의 모습이 아들에게 그대로 이어지는 것
을 말하지요.
아무 근거 없는 안 좋은 소문은 유언비어라고 하고, 망설이기만
하고 결단성이 부족한 것은 우유부단이라고 해요.

■ **우왕좌왕**(右오른쪽 우 往갈 왕 左왼쪽 좌 往)
이리저리 왔다 갔다 일이나 방향을 종잡지 못함

■ **설상가상**(雪눈 설 上위 상 加더할 가 霜서리 상)
안 좋은 일이 겹침

■ **팔방미인**(八여덟 팔 方모 방 美아름다울 미 人사람 인)
여러 방면에 능통한 사람을 비유적으로 이르는 말

■ **부전자전**(父아비 부 傳대대로 이어질 전 子아들 자 傳)
아들이 아버지를 닮음

■ **유언비어**(流흐를 유 言말씀 언 蜚바퀴 비 語)
아무 근거 없는 안 좋은 소문

■ **우유부단**(優넉넉할 우 柔부드러울 유 不아니 부 斷끊을 단)
망설이기만 하고 결단성이 부족한 것

| 동 | 문 | 서 | 답 | | 비 | 몽 | 사 | 몽 | | 횡 | 설 | 수 | 설 | | 유 | 언 | 비 | 어 |

| 우 | 왕 | 좌 | 왕 | | 설 | 상 | 가 | 상 | | 부 | 전 | 자 | 전 | | 우 | 유 | 부 | 단 |

고마움, 고까움. 둘 다 마음을 나타내는 순우리말인데 두 낱말의 뜻은 완전히 달라요. 고마움은 고맙게 여길 때 나타내는 말이지만 고까움은 섭섭하고 좋지 않게 여기는 마음이에요.
이처럼 사람의 감정을 나타내는 순우리말을 좀 더 알아볼까요?

섭섭하고 화나는 마음을 나타내는 말, 말, 말!
섭섭하고 화날 때 쓰는 말들은 여러 가지가 있어요.
"어쩐지 네 말에 가시가 있는 것 같아."
가시는 사람의 마음을 찌르는 것, 곧 남을 공격하는 뜻이 있는 걸 말해요. 말속에 기분 나쁜 것을 섞어 일부러 상처를 주는 말을 하는 것이죠. 주로 그 사람이 고까울 때에 그래요.
고까움과 비슷한 말로 개염이라는 말도 있어요.
개염은 부러운 마음으로 샘하여 탐내는 욕심이에요.
속마음과 다르면서 겉으로만 웃는 웃음은 겉웃음이라고 해요.
마땅치 않게 여겨 벌컥 내는 성은 골이라고 해요.
성가시고 처리하기 힘든 시끄러운 일은 골칫거리라고 하지요.
속을 끓이는 걱정은 골탕이라고 하고요.

고마움
고맙게 여기는 마음

- **고까움** 섭섭하고 좋지 않게 여기는 마음
- **가시** 사람의 마음을 찌르는 것, 곧 남을 공격하는 뜻이 있는 것
- **개염** 부러운 마음으로 샘하여 탐내는 욕심
- **겉웃음** 속마음과 다르면서 겉으로만 웃는 웃음
- **골** 마땅치 않게 여겨 벌컥 내는 성
- **골칫거리** 성가시고 처리하기 힘든 시끄러운 일
- **골탕** 속을 끓이는 걱정
- **골풀이** 화가 나는 것을 참지 못하고 함부로 푸는 일

화가 나는 것을 참지 못하고 함부로 푸는 일은 골풀이라고 한답니다. 이처럼 몸이나 마음이 편하지 못하여 고통을 받는 느낌은 괴로움이라고 하고요.

풀이 죽거나 기가 꺾이는 일은 구김이라고 하지요.

속을 태우는 걱정은 끌탕, 쓸데없는 생각을 품은 군마음, 소름 끼치도록 싫은 생각은 넌더리, 비위에 거슬려서 노엽거나 분한 마음은 부아라고 해요. "넌더리가 나.", "부아가 치밀어 올랐어."라고 쓰지요.

기쁘고 즐거움을 나타내는 말, 말, 말!

즐거운 마음이나 느낌을 기쁨이라고 해요.

몹시도 통쾌한 마음은 깨소금맛이라고 해요.

사랑해 귀엽게 여기는 마음은 귀염,

몹시 좋은 기쁜 느낌은 기꺼움이라고 하지요.

내가 용돈도 주는데 넌 왜 동생을 더 좋아하냐?

내리사랑이라잖아.

둘째 오빠 최고!

손윗사람이 손아랫사람에 대해 보이는 사랑은 내리사랑,

겉으로 드러내지 않고 속으로 하는 사랑은 속사랑이라고 해요.

믿음직하게 여기는 마음은 미쁨, 믿는 마음은 믿음이지요.

- **괴로움** 몸이나 마음이 편하지 못하여 고통을 받는 느낌
- **구김** 풀이 죽거나 기가 꺾이는 일
- **끌탕** 속을 태우는 걱정
- **군마음** 쓸데없는 생각을 품은 마음
- **넌더리** 소름이 끼치도록 싫은 생각
- **부아** 비위에 거슬려서 노엽거나 분한 마음
- **기쁨** 기쁜 마음이나 느낌
- **깨소금맛** 몹시 통쾌한 마음
- **귀염** 사랑해 귀엽게 여기는 마음
- **기꺼움** 몹시 좋은 기쁜 느낌
- **내리사랑** 손윗사람의 손아랫사람에 대한 사랑
- **속사랑** 겉으로 드러내지 않고 속으로 하는 사랑
- **미쁨** 믿음직하게 여기는 마음
- **믿음** 믿는 마음

| 가시 | 개염 | 겉웃음 | 골칫거리 | 넌더리 |
| 기쁨 | 귀염 | 기꺼움 | 깨소금맛 | 속사랑 |

낱말밭 블록 맞추기

동 고 동 락

① 빈칸에 알맞은 사자성어를 쓰세요.

괴로움도 즐거움도 함께한다 ➡ ⬜⬜⬜⬜

동고동락

동상이몽

② [보기]에서 알맞은 사자성어를 찾아 쓰세요.

| 보기 | 설상가상   비몽사몽   횡설수설 |

사자성어

1) 잠든 것도 깬 것도 아닌 몽롱한 상태는 ⬜⬜⬜⬜이에요.

2) 앞뒤가 맞지 않게 말하는 것은 ⬜⬜⬜⬜이에요.

3) 안 좋은 일이 겹치는 것은 ⬜⬜⬜⬜이에요.

횡설수설

비몽사몽

③ 문장에 어울리는 낱말을 골라 ○표 하세요.

1) 우리 언니는 못하는 게 없는 (팔방미인 / 부전자전)이야.

2) 길을 물었더니 날씨가 좋다고 (유언비어 / 동문서답)을(를) 하네!

3) 우리 강아지 미미는 우리와 10년 동안 (동고동락 / 우왕좌왕)해 왔어.

동문서답

우왕좌왕

④ 다음 중 상황과 사자성어가 잘못 연결된 것은? (   )

① 지각해서 혼났는데 숙제 안 가져온 걸 이제 알았다. – 설상가상

② 내일이 대회인데 어떤 그림을 그릴지 계속 정하지 못하고 있다. – 우유부단

③ 예린이는 꿈을 너무 많이 꾼다. – 비몽사몽

④ 여행 가는 길, 엄마는 수영할 생각에 아빠는 혼자 낚시할 생각에 즐거워하셨다. – 동상이몽

⑤ 민혁이는 운동이면 운동, 공부면 공부 못 하는 게 없고 인간성도 좋다. – 팔방미인

설상가상

팔방미인

부전자전

유언비어

우유부단

1 빈칸에 알맞은 낱말을 쓰세요.

고맙게 여기는 마음 ➡ ☐☐☐

2 주어진 낱말을 넣어 문장을 완성하세요.

1) 골 풀 이 탕

☐☐은 속을 끓이는 걱정이고, ☐☐☐는 화가 나는 것을 참지 못하고 함부로 푸는 일이에요.

2) 미 기 쁨

믿음직하게 여기는 마음은 ☐☐이라고 하고, 즐거운 마음이나 느낌은 ☐☐이라고 하지요.

3) 귀 개 염

부러운 마음으로 샘하여 탐내는 욕심은 ☐☐이고, 사랑해 귀엽게 여기는 마음은 ☐☐이지요.

3 문장에 어울리는 낱말을 골라 ○표 하세요.

1) 나한테 화났니? 어쩐지 네 말에서 (가시 / 기꺼움)이(가) 느껴지네.

2) 그 아이는 내 욕을 하고 다니면서 자꾸 (겉웃음 / 끌탕)으로 친한 척해.

3) 민지는 해맑아서 좋아. (미쁨 / 구김)이 없지.

4) 또 고장나다니! 이 차는 정말 (골칫거리 / 골풀이)야.

4 다음 중 부정적인 마음을 나타내는 말이 <u>아닌</u> 것은? (   )

① 미쁨   ② 부아   ③ 넌더리
④ 가시   ⑤ 고까움

고마움
고까움
가시
개염
겉웃음
골
골칫거리
골탕
골풀이
괴로움
구김
끌탕
군마음
넌더리
부아
기쁨
귀염
깨소금맛
기꺼움
내리사랑
속사랑
미쁨
믿음

1)	2)						5)		
						6)			
	3)		4)				7)		
						8)			
						9)			
	10)			12)		15)			
11)				13)	14)				

정답 ┃ 142쪽

🔑 가로 열쇠

1) 보거나 들어서 깨달아 얻은 지식. '○○을 넓히다.'

3) 어물어물 망설이기만 하고 결단성이 부족할 때를 이르는 말. '○○○○한 성격.'

6) 연맹에 가입한 가게나 상점. "이 카드는 모든 ○○○에서 10% 가격 할인을 받을 수 있습니다."

8) 서로 멀리 떨어뜨려 사이를 막아 버림. "코로나 환자는 ○○ 되었다."

9) 사람. "○○은 세상에 태어나서 누구나 죽는다."

11) 배나 비행기가 다니는 목적지까지 바로 가는 길

13) 두 눈썹 사이. 줄여서 미간이라고도 함

15) 요술을 부리거나 점을 칠 때 외치는 말

🔑 세로 열쇠

2) 문방의 네 친구인 붓, 종이, 먹, 벼루를 일컫는 말

4) 같지 않음을 나타내는 기호인 부등호로 나타낸 식. "3+2<6처럼 부등호가 들어간 수식은 ○○○"

5) 공동의 목적을 가진 단체나 국가가 서로 돕고 함께할 것을 약속함

6) 남을 공격하는 뜻이 있는 것. "친구의 ○○ 돋친 말에 상처를 받았어."

7) 남을 대신해서 일을 처리하는 사람

10) 한 가지 일에 오랜 경험과 공로가 많아 으뜸이 되는 사람

11) 중간에 끼어든 것 없이 바로 접함. 간접 ↔ ○○

12) 무늬 모양. 한국 전통 ○○

14) 믿음직하게 여기는 마음

15) 해가 뜬 뒤부터 지기 전까지의 사이

2장

저 차 주인이 과속의 주범

主 주인 주

과속을 하다 단속 카메라에 찍히면 차 주인(主人)에게 벌금 고지서가 오죠? 차 주인은 차주 또는 차량 소유주라고 하지요.

여기서 주(主)는 말 그대로 주인이에요. 주인은 어떤 대상이나 물건을 소유한 사람을 뜻해요.

그럼 다음과 같은 것을 소유한 주인을 어떻게 부르는지 알아볼까요?

농장의 주인은 농장◻,

예금 통장의 주인은 예금◻,

배의 주인은? 배 선(船)을 써서 선◻,

땅의 주인은? 땅 지(地)를 써서 지◻.

빈칸에 들어갈 말은 모두 '주'겠지요?

사람이 죽으면 상(喪)을 당했다고 해요. 이 상을 맡아서 치르는 주인은 상주(喪主)예요.

主 주인 주

■ 주인(主 人사람 인)
대상이나 물건을 소유한 사람

■ 차주(車수레 차 主)
차 주인

■ 소유주
(所바 소 有가질 유 主)
소유한 주인

■ 농장주
(農농사 농 場마당 장 主)
농장 주인

■ 예금주
(預맡길 예 金돈 금 主)
예금 통장의 주인

■ 선주(船배 선 主)
배 주인

■ 지주(地땅 지 主)
땅 주인

■ 상주(喪상 상 主)
상을 치르는 주인

- **무주공산**(無없을 무 主 空빌 공 山뫼 산)
  주인 없는 산
- **군주**(君임금 군 主)
  나라의 주인인 임금
- **민주 국가**(民백성 민 主 國 나라 국 家집 가)
  국민이 나라의 주인인 국가
- **주종**(主 從하인 종)
  주인과 하인

하하, 무주공은 사람이 아니에요. 주인 없는 산을 무주공산(無 主空山)이라고 해요. 무주는 주인이 없다는
말이고, 공산은 비어 있는 산을 말해요.
조선 시대에는 임금을 군주라 했어요.
군주(君主)는 나라의 주인인 임금이라는 말이에요.
당시 사람들의 생각을 보여 주는 말이지요.
그러면 오늘날 나라의 주인은 누구죠? 대통령일까
요, 아니면 국민일까요?
맞아요. 나라의 주인은 국민이죠.
국민이 나라의 주인인 국가를 민주 국가라고 해요.

춘향전에 나오는 이몽룡은 주인이고 방자는 하인, 즉 종이에요.
이 두 사람 사이를 뭐라고 할까요? (   )

① 인종 관계   ② 주종 관계   ③ 방자한 관계

네, 정답은 ②번 주종 관계입니다. 주종(主從)은 주인과 하인을
말해요.

🔔 **이런 말도 있어요**

주객전도는 주와 객이 뒤바뀌었다는 말이에요. 손님이 마치 주인처럼 굴고, 주인이 거꾸
로 손님처럼 눈치를 보아야 할 때 쓰는 말이죠. 일의 순서나 중요한 정도가 바뀌었다는 뜻
이에요.
- **주객전도**(主 客손님 객 顚뒤바뀔 전 倒거꾸로 도) 일의 중요한 정도나 순서가 뒤바뀜

主 주될 주

■ **주재료**
(主 材재목 재 料재료 료)
주된 재료

■ **주식**(主 食먹을 식)
주로 먹는 음식

■ **주성분**
(主 成이룰 성 分부분 분)
주가 되는 성분

■ **주인공**
(主人 公존칭 공)
작품이나 사건에서 중심이 되는 인물

■ **주연**(主 演연기할 연)
주인공을 연기함 / 주인공을 연기하는 사람

■ **주산지**
(主 産낳을 산 地)
어떤 물건이 주로 나는 지역

■ **주전**(主 戰싸울 전)
경기에 나가서 싸우는 주된 선수

두 친구가 소꿉놀이를 하고 있어요.

비빔밥의 재료는 모래, 돌, 나뭇잎인데, 그중 가장 중심이 되는 주재료는 모래라는군요.

주(主)는 이렇게 여러 가지 중에서 중심이 되는 것을 뜻해요.

다음 빈칸을 채워 낱말을 완성해 볼까요?

밥은 한국인의 ☐식이에요.

뼈의 ☐성분은 칼슘이죠.

영화나 드라마의 중심인물은 주인공 또는 ☐연!

어떤 물건이 주로 나는 지역은 ☐산지.

어, 후보 선수가 아무도 없네요?

위의 그림에서 빈칸에 들어갈 알맞은 말은 무엇일까요? (   )

① 주인   ② 주연   ③ 주전

정답은 ③번이에요. 어느 스포츠 팀에나 주전 선수가 있고 후보 선수가 있어요.

주전(主戰)은 경기에 나가서 싸우는 주된 선수를 말해요.

- **주동자**
  (主 動움직일 동 者사람 사)
  앞장서 움직인 사람
- **주도**(主 導이끌 도)
  앞장서서 이끎
- **주범**(主 犯범인 범)
  앞장선 범인
- **주최**(主 催열 최)
  행사를 엶
- **주관**(主 管관리 관)
  행사를 맡아 관리함
- **주례**(主 禮의식 례)
  결혼식에서 예식을 주관하는
  사람
- **주장**(主 將우두머리 장)
  앞장서서 이끄는 사람

영화 속의 은행 강도 세 명 중 일을 계획하고 범죄를 주도한 주동자(主動者)는 누구일까요? 이런저런 지시를 내리고 있는 가운데 사람이지요.

주동자는 주도(主導)한 사람이고, 그것이 범죄처럼 나쁜 짓일 경우에는 주동자를 특별히 주범(主犯)이라고 해요.

설사 주도했다고 해도 나쁜 짓이 아닐 경우에는 주범이라고 하지 않아요.

이처럼 주(主)에는 앞장서다라는 뜻도 있어요.

옆의 그림을 보세요. 태권도 시합의 현수막에 주최하는 곳과 주관하는 곳이 쓰여 있지요?

주최(主催)는 행사를 여는 것을 말하고,

주관(主管)은 행사를 맡아 관리하는 것을 말해요.

다음 빈칸을 채워 낱말을 완성해 볼까요?

결혼식에서 예식을 주관하는 사람은 ☐례,

운동 팀을 앞장서서 이끄는 사람은 ☐장이에요.

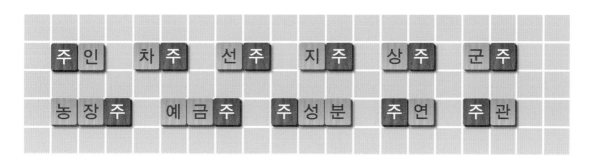

主
주인 주

| 주인 |
| 차주 |
| 소유주 |
| 농장주 |
| 예금주 |
| 선주 |
| 지주 |
| 상주 |
| 무주공산 |
| 군주 |
| 민주 국가 |
| 주종 |
| 주객전도 |
| 주재료 |

① 주어진 한자를 따라 쓰세요.

| 차 |
| 지 |

무 공 산

主
주인 주

동 자

| 인 |
| 종 |

② 어떤 낱말에 대한 설명인지 쓰세요.

1) 대상이나 물건을 소유한 사람 ➡ ☐☐

2) 나라의 주인인 임금 ➡ ☐☐

3) 앞장선 범인 ➡ ☐☐

4) 결혼식에서 예식을 주관하는 사람 ➡ ☐☐

③ 알맞은 낱말을 찾아 문장을 완성하세요.

1) 반란을 일으킨 ☐☐☐ 를 찾아야 해요.

2) 이 땅은 벼가 아주 잘 자라겠는데요? ☐☐ 가 누군가요?

3) 나는 서울시에서 ☐☐ 하는 미술 공예전에서 입선했어.

④ 문장에 어울리는 낱말을 골라 ○표 하세요.

1) 예금 통장의 주인은 (농장주 / 예금주)이지요.

2) 사람이 죽었을 때 상을 맡아서 치르는 사람을 (상주 / 상인)(이)라고 해요.

3) 주인 없는 산을 (무지공산 / 무주공산)이라고 해요.

4) 국민이 주인인 나라는 (민주 / 군주) 국가예요.

5 그림을 보고, 알맞은 낱말을 쓰세요.

1)

우리 팀에는 후보 선수가 없어요. 모두 □□ 선수죠.

☐☐

2)

밥은 우리나라 사람들의 □□이죠.

☐☐

3)

나처럼 결혼식에서 예식을 주관하는 사람을 □□라고 해요.

☐☐

| 주식 |
| 주성분 |
| 주인공 |
| 주연 |
| 주산지 |
| 주전 |
| 주동자 |
| 주도 |
| 주범 |
| 주최 |
| 주관 |
| 주례 |
| 주장 |

6 설명을 읽고, 알맞은 낱말을 연결하세요.

1) 주인공을 연기함　　　　　·　　　　　· 선주

2) 주인과 하인　　　　　·　　　　　· 주성분

3) 어떤 것을 이루는 주된 성분　·　　　　　· 주범

4) 범죄를 앞장서서 이끈 사람　·　　　　　· 주종

5) 바다에 떠다니는 배의 주인　·　　　　　· 주연

요는, 내가 우리집 요인이란 거야

要
중요할 요

집에서는 누구나 귀한 아들딸이지만 요인이라고 부르지는 않아요. 요인(要人)은 사회적으로 중요한 사람을 부르는 말이에요. 요(要)는 여자가 허리에 손을 대고 서 있는 모양을 본떠 만들었어요. 몸에서 허리가 중요하기 때문에 중요하다라는 뜻을 지니고 있답니다.

다음 대화의 빈칸에 들어갈 말은 무엇일까요? (   )

"우리나라의 허리에는 대전이 있지요? 대전은 서울, 부산, 광양 등으로 길이 나 있어 교통이 무척 좋은 곳이랍니다."
"아하, 그래서 대전을 교통의 □□라고 부르는군요!"

정답은 중요한 곳이라는 뜻의 요지(要地)예요.
중요한 곳 중에서 군사적으로 아주 중요한 곳은 요충지라고 해요. 그리고 군사적으로 중요한 곳에 방어를 하기 위해 세운 성채를 요새라고 한답니다.

要 중요할 요

■ 요인(要 人사람 인)
사회적으로 중요한 사람
■ 요지(要 地장소 지)
중요한 곳
■ 요충지(要 衝부딪힐 충 地)
군사적으로 아주 중요한 곳
■ 요새(要 塞성채 새)
군사적으로 중요한 곳에 방어를 하기 위해 세운 성채

주요(主주될 주 要)
주되고 중심이 됨

요점(要 點점 점)
중요한 부분
= 요(要)

요령(要 領요점 령)
가장 중요한 점 또는 줄거리 /
적당히 해 넘기는 잔꾀

교통이 편리하거나 재미있는 것이 있는 곳에는 사람들이 많이 다녀요. 그래서 도시가 생기지요.

도시 중에서도 대전, 부산, 광주처럼 주변의 중심이 되는 도시들을 주요 도시라고 해요. 주요(主要)는 주되고 중심이 되다라는 말이에요.

다음 대화의 빈칸에 들어갈 알맞은 말은 무엇일까요? (　　)

감자 : 헉, 내일이 시험이닷!

오이 : 후후, 나는 벌써 ☐☐ 정리 다 했지.

버섯 : 하하, 그럼 안심이다. 네 걸로 공부하면 되겠다.

① 요행　　　　② 요구　　　　③ 요점

저런, 얌체. 정답은 ③번이에요.

요점(要點)은 내용 가운데 중요한 부분을 말하죠. 요점을 알면 다 아는 것과 마찬가지겠죠. 요점을 줄여서 요라고도 써요.

책가방을 쌀 때에 요령이 있어야 하겠죠?

요령(要領)은 가장 중요한 점 또는 줄거리를 뜻하기도 하고, 적당히 꾀를 부리다라는 뜻으로 쓰이기도 해요. 옆 그림의 뭉치처럼 잔꾀를 부리는 것을 가리키는 말이지요.

다음 중 케이크를 만들 때 있어야 할 것은 무엇일까요?

要 필요할 요

- **필요**(必반드시 필 要)
  반드시 있어야 하는 것
- **요구**(要 求구할 구)
  필요한 것을 달라고 청함
- **요원**(要 員인원 원)
  어떤 일을 하는 데 꼭 필요한
  사람
- **긴요**(緊긴급할 긴 要)
  꼭 필요함
- **요건**(要 件조건 건)
  필요한 조건

밀가루, 설탕, 버터, 크림 그리고 거품기와 볼이 필요하겠죠?

필요(必要)는 반드시 있어야 하는 것을 말해요. 없어서는 안 되는 것이지요.

케이크를 만들 재료가 모자란다고요? 필요한 것을 더 달라고 요구해야지요.

요구(要求)는 필요한 것을 달라고 청하는 것이에요.

군대에서는 무엇보다 전투 요원이 필요해요.

어떤 일을 하는 데 특별히 필요한 사람을 요원(要員)이라고 해요.

전투를 하다 보면 부상을 당할 때도 있어요. 그래서

군대에서는 의료 요원이 긴요하죠.

긴요(緊要)는 매우 필요하다는 말이에요.

의료 요원이 되려면 다른 사람을 치료할 수 있는 능력

과 자격을 갖추어야겠지요? 이렇게 어떤 일에 필요한 조건

은 요건(要件)이라고 한답니다.

나는 전투 **요원**을 치료하는 의료 **요원**!

으헉, 나는 부상당한 전투 **요원**!

🔔 **이런 말도 있어요**

요하다는 필요로 하다라는 뜻이에요. 시간이 많이 필요할 때는 많은 시간을 요하다라고 하고, 주의가 필요할 때는 주의를 요하다라고 하지요. 각별히 주의가 필요한 인물을 요주의 인물이라고 해요.

■ **요**(要)**하다** 필요로 하다   ■ **요주의**(要 注쏟을 주 意뜻 의) 각별한 주의를 요함

요약(要 約묶을 약)
간추려 묶음

요(要**)컨대**
간추려 말하자면
= 요약하건대

요지(要 旨뜻 지)
대강의 뜻을 간추린 것

개요(概대강 개 要)
중요한 내용 중심으로 간추린 것

선생님께서 똘이에게 요구한 것은 무엇일까요? (　　　)

① 강요　　　　② 요약　　　　③ 요원

네, 정답은 ②번 요약이에요.

요약(要約)은 중요한 것을 간추려 묶는 것이죠. 여기서 요(要)
는 간추리다를 뜻해요. 중요한 것만 가려 뽑는다는 말이지요.

요컨대는 간추려 말하자면이라는
뜻의 요약하건대를 줄인 말이에요.
다음 빈칸을 채워 보세요.
말이나 글에서 대강의 뜻을 간추린
것은 □지,
긴 내용을 중요한 내용 중심으로 간추
린 것은 개□.
빈칸에는 모두 간추리다라는 뜻의 요가 들어간답니다.

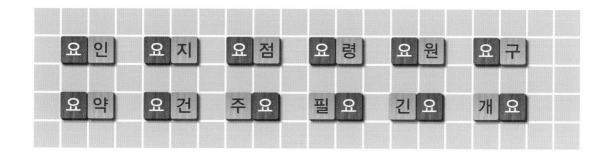

요인	요지	요점	요령	요원	요구
요약	요건	주요	필요	긴요	개요

要
중요할 요

요인

요지

요충지

요새

주요

요점

요

요령

필요

요구

① 주어진 한자를 따라 쓰세요.

지

점

인

要

주

필

개

중요할 요

② 어떤 낱말에 대한 설명인지 쓰세요.

1) 주되고 중심이 됨 ➜ ☐☐

2) 필요한 조건 ➜ ☐☐

3) 가장 중요한 점 또는 줄거리 ➜ ☐☐

4) 사회적으로 매우 중요한 사람 ➜ ☐☐

5) 말이나 글에서 대강의 뜻을 간추린 것 ➜ ☐☐

③ 알맞은 낱말을 찾아 문장을 완성하세요.

1) 비 오는 날은 우산이 ☐☐ 해.

2) 부모님께서 수지에게 ☐☐ 한 것은 많지 않아.

3) 사막에서는 한 방울의 물이라도 ☐☐ 하게 쓰여.

4) 영민이는 드라마를 보고 ☐☐ 해서 말을 잘 해.

④ 문장에 어울리는 낱말을 골라 ○표 하세요.

1) 군사적으로 (중요 / 개요)한 곳을 군사적 (요지 / 필요)라고 해.

2) 중요한 것을 간추려 묶는 것을 (요약 / 요새)(이)라고 해.

3) 광복절 기념식에 국가 (요인 / 요소)들이 많이 참석했어요.

4) 군대에서는 부상병을 치료하는 의료 요원이 (긴요 / 소요)해.

⑤ 대화를 읽고, 알맞은 말을 고르세요. (   )

> 석호 : 큰일 났다. 시험 공부를 너무 안 했어.
>
> 수빈 : 에헴, 이 몸은 벌써 세 번이나 봤지.
>
> 석호 : 뭐라고? 언제 그렇게 많이 봤어?
>
> 수빈 : 에이, ☐☐한 것을 그렇게 봤다고.

① 요새   ② 요령   ③ 요원   ④ 요약

⑥ 그림을 보고, 공통으로 들어갈 낱말을 쓰세요.

의료 ☐☐   봉사 ☐☐   전투 ☐☐

| 요원 |
| 긴요 |
| 요건 |
| 요하다 |
| 요주의 |
| 요약 |
| 요컨대 |
| 요약하건대 |
| 요지 |
| 개요 |

고도를 올려야 고층 건물을 넘지!

高
높을 고

비행기는 하늘 높은 곳, 즉 고공(高空)을 날아다녀요.

비행기가 날고 있는 높이를 고도(高度)라고 하죠. 비행기의 고도가 낮으면 높은 건물이나 산에 부딪쳐요.

비행기가 부딪힐 뻔한 높은 건물은 고층 건물이라고 해요.

높게 층층이 쌓아 올린 건물이라는 말이죠.

그럼 높은 것에 어떤 것들이 더 있는지 알아볼까요?

높은 산은 □산,

높은 산봉우리는 □봉,

높은 곳에 있는 넓은 벌판은 □원.

자이로 드롭은 고공 낙하 체험을 해 볼 수 있는 놀이 기구예요.

고공 낙하는 높은 하늘에서 아래로 떨어지는 걸 말하죠.

높은 곳에 올라가면 무섭죠? 그런 걸 고소 공포증이라고 해요.

고소(高所)는 높은 장소라는 말이에요.

高	높을 고

고공(高 空하늘 공)
하늘 높은 곳

고도(高 度정도 도)
높은 정도 / 높이

고층(高 層층 층)

고산(高 山뫼 산)

고봉(高 峰봉우리 봉)
높은 봉우리

고원(高 原언덕 원)
높은 곳에 있는 넓은 들판

고공 낙하(高空 落떨어질 락 下아래 하)
높은 하늘에서 아래로 떨어짐

고소 공포증(高 所자리 소 恐두려울 공 怖두려워할 포 症 증세 중)
높은 곳을 무서워하는 증세

고소(高所)
높은 장소

■ **고산병**(高山 病병 병)
높은 산에 올라가서 생기는 병

■ **고음**(高 音소리 음)
높은 소리

■ **고온**(高 溫따뜻할 온)
온도가 높음

■ **고온 다습**(高溫 多많을 다 濕젖을 습)
온도가 높고 습기가 많음

■ **고하**(高 下낮을 하)
(지위나 신분의) 높고 낮음

높은 산에 올라가면 어지럼증이 생겨요. 높은 곳에서는 낮은 곳에 비해 산소량이 줄어들기 때문이지요.
이때 몸속에 산소가 부족해서 생기는 고산병(高山病)에 걸리기 쉽답니다. 고산병은 높은 산에 올라가서 생기는 병이지요.
이렇게 고(高)는 높이가 높다라는 뜻이 있어요.
이런 뜻으로 쓰인 고(高)가 붙은 낱말을 더 알아볼까요?
소프라노 가수의 높은 소리는 □음,
태양처럼 온도가 높은 것은 □온,
온도가 높고 습기가 많은 것은 □온 다습이지요.
높고 낮음은 고하(高下)라고 해요. 고하는 지위나
신분이 높고 낮음을 가리켜 자주 쓰여요.

어! 열이 펄펄 끓어요. 체온이 39℃까지 올라갔어요.

이렇게 열이 심하게 나는 것을 고열(高熱)이라고 해요.
빠른 속도로 달리는 KTX는
□속 철도,
빠른 속도로 달리는 버스는
□속버스라고 하지요.
이렇게 고(高)는 상태나 정도가
심한 것을 나타내기도 해요.

高	심할 고

■ **고열**(高 熱더울 열)
열이 심하게 남

■ **고속**(高 速빠를 속)
속도가 빠름

高 우수할 고

■ **고급**(高 級등급 급)
품질의 등급이 우수함

■ **고성능**
(高 性성질 성 能능할 능)
성질과 기능이 우수함

■ **고품질**
(高 品물건 품 質성질 질)
물건의 성질이 우수함

■ **최고급**(最가장 최 高級)
가장 우수한 등급

이 우유는 고급 우유래요. 원유는 바로 짠 소젖을 말하는데, 품질이 좋은 1등급 원유로 만들어서 고급이래요.

고급(高級)은 품질의 등급이 높은 것, 즉 우수한 것을 뜻해요.

고급 우유를 잔뜩 마신 영철이가 이번에는 고성능 카메라에 시선이 꽂혔어요.

고성능(高性能)은 성질과 기능이 우수하다는 말이에요.

이처럼 고(高)는 우수하다라는 뜻으로도 쓰여요.

그럼 다음 빈칸을 채워 볼까요?

품질이 좋은 것은 ☐품질,

가장 좋은 등급은 최☐급.

빈칸에 들어갈 말은 모두 좋다, 우수하다라는 뜻의 고!

🔔 **이런 말도 있어요**

고구려(高句麗)를 알지요?

'구려'는 마을을 뜻하는 '골, 구루'라는 고구려 말을 한자로 적은 것이에요.

여기에 '최고의', '으뜸 가는'이라는 뜻의 고(高)를 붙여 고구려라는 이름을 완성한 것이죠.

그러니까 고구려는 최고의 마을을 뜻하지요.

어머니의 사랑은 말로 표현할 수
없을 만큼 큰 사랑이지요?
이렇게 큰 사랑을 숭고한 사랑이
라고 해요. 숭고(崇高)는 높고
훌륭하다라는 말이에요. 이때
고(高)는 훌륭하다를 뜻해요.

| 高 | 훌륭할 고 |

■ **숭고**(崇높을 숭 高)
높고 훌륭함
■ **고귀**(高 貴귀할 귀)
훌륭하고 귀함
■ **고상**(高 尙높일 상)
몸가짐과 뜻이 훌륭하여 높일
만하다

훌륭하다라는 뜻의 고(高)가 쓰인 말을 두 가지 고르세요.

(,)

① 고귀 　　② 고하 　　③ 고상

네, 정답은 ①번 고귀, ③번 고상이에요.
고귀(高貴)는 훌륭하고 귀하다는 말이고, 고상(高尙)은 훌륭하
여 높일 만하다는 말이랍니다. 몸가짐과 뜻이 바르고 훌륭한 사
람을 가리키는 말이지요.

🔔 이런 말도 있어요

고(高)는 글자 뒤에 붙어서 일정한 양을 나타내기도 해요.
■ **잔고**(殘남을 잔 高) 남아 있는 돈의 양
■ **외화고**(外외국 외 貨돈 화 高) 나라가 보유한 외국 돈의 양
■ **생산고**(生날 생 産만들 산 高) 공장에서 생산한 물건의 양
■ **판매고**(販팔 판 賣팔 매 高) 회사에서 판매한 물건의 양

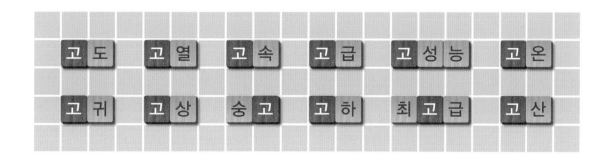

높을 고

| 고공 |
| 고도 |
| 고층 |
| 고산 |
| 고봉 |
| 고원 |
| 고공 낙하 |
| 고소 공포증 |
| 고소 |
| 고산병 |
| 고음 |
| 고온 |
| 고온 다습 |
| 고하 |

❶ 주어진 한자를 따라 쓰세요.

```
        공                                    귀
             성  능      高     온 다 습
        도                 높을 고             상
```

❷ 어떤 낱말에 대한 설명인지 쓰세요.

1) 품질의 등급이 우수한 것 ➡ ☐☐

2) 품질이 좋은 것 ➡ ☐☐☐

3) 몸가짐과 뜻이 훌륭하여 높일 만함 ➡ ☐☐

4) 높은 층 ➡ ☐☐

5) 열이 심하게 남 ➡ ☐☐

❸ 알맞은 낱말을 찾아 문장을 완성하세요.

1) 1등급 원유로 만든 ☐☐ 우유

2) 이제 내 통장 ☐☐ 도 얼마 남지 않았어. 저축을 열심히 해야겠어.

3) ☐☐ 도로에서는 차가 굉장히 빨리 달려.

4) 나는 ☐☐ 공포증이 있어서 높은 곳에 올라가면 무서워.

5) 감기 때문에 계속 ☐☐ 에 시달렸어.

4 문장에 어울리는 낱말을 골라 ○표 하세요.

1) 높은 정도를 (고도 / 고산)(이)라고 해.

2) 사람은 신분 (고하 / 고상)을(를) 막론하고 존중받아야 해.

3) 성질과 기능이 우수한 (고성능 / 고속) 스마트폰을 샀어.

4) 어머니의 높고 훌륭한 사랑은 (고상 / 숭고)한 사랑이야.

5 맞는 문장은 ○표, 틀린 문장은 ✕표 하세요.

1) 독감에 걸려서 고속에 시달렸어. ( )

2) 가족들과 함께 KTX 고공 철도를 타고 시골로 여행을 갔어. ( )

3) 그 소프라노 가수는 고음을 멋지게 소화해 큰 박수를 받았어. ( )

4) 비행기는 고도 10,000m 상공을 날고 있어. ( )

6 그림을 보고, 공통으로 들어갈 낱말을 쓰세요.

1)

□원

2)

□산

3)

□소공포증

고열
고속
고급
고성능
고품질
최고급
고구려
숭고
고귀
고상
잔고
외화고
생산고
판매고

나도 팔등신이 될 거야

等 같을 등

김연아 갈라쇼

나도 김연아처럼 팔□신이 될 거야!

냅둬, 하루이틀이냐!

네 얼굴 크기에?

위 그림의 빈칸에 들어갈 말은 무엇일까요? ( )

① 랑(浪)　　　② 문(文)　　　③ 등(等)

네, 정답은 ③번이죠. 등(等)은 같다라는 말이에요.
팔등신(八等身)은 키가 얼굴 길이의 8배가 되는 몸이에요.
균형 잡힌 아름다운 몸을 가리키는 말이죠.
같다라는 뜻의 등(等)을 붙여 똑같이 나누는 것은 등분(等分)이
라고 하고, 차별 없이 고르게 대우해 주는 것은 평등(平等)이라
고 해요.

등(等)의 의미를 생각하면서 빈칸을 채워 볼까
요?
고르고 가지런하여 차별이 없는 것은 균□,
견주어 높고 낮음이나 낮고 못함이 없이
비슷한 것은 대□.

말도 안돼!

等 같을 등

팔등신
(八여덟 팔 等身몸 신)
키가 얼굴 길이의 8배가 되는
몸

등분(等 分나눌 분)
똑같이 나누는 것

평등(平평평할 평 等)
차별 없이 고르게 대우해 주는
것

균등(均고를 균 等)
고르고 가지런하여 차별이 없
는 것

대등(對마주 대할 대 等)
서로 견주어 높고 낮음이나 낮
고 못함이 없이 비슷한 것

감자가 수학 시간에 수식을 읽고 있네요.

$$1 + 2 = 3$$

1과 2의 합은
3과 같다.

'='는 같음을 나타내는 기호예요. 등호(等號)라고 부르지요.

$1 + 3 > 2$ → 1과 3의 합은 2보다 크다.
$1 + 2 < 4$ → 1과 2의 합은 4보다 작다.

양쪽이 같지 않을 때는 등호를 쓸 수 없고 '>', '<'와 같은 부등호(不等號)를 써요. 부등호는 같지 않음을 나타내는 기호예요.

다음 빈칸에 들어갈 말은 무엇일까요? 1) (   ) 2) (   )

1) 3+3=6처럼 등호가 들어간 수식은 ☐식
2) 3+2<6처럼 부등호가 들어간 수식은 ☐☐식

정답은 1) 등, 2) 부등이에요.
등호로 나타낸 수식을 등식이라고 하고, 부등호로 나타낸 수식을 부등식이라고 한답니다.
몇 개의 낱말을 나열한 뒤에 등이나, 등등이라고 쓸 때가 있지요? 이때의 등(等)도 같다를 뜻해요. 앞의 것과 같은 그 밖의 것들이란 말이죠.
장소에는 등지(等地)란 말을 쓸 수 있어요.
"중국, 베트남, 일본 등지를 돌아다녔다."라고 할 때의 등지는 앞의 장소와 같은 그 밖의 장소들을 뜻해요.

뭐 먹을까?

라면, 자장면,
칼국수 기타
등등.

하나만 말해!

■ **등호**(等 號기호 호)
같음을 나타내는 기호
■ **부등호**(不아니 부 等 號)
같지 않음을 나타내는 기호
■ **등식**(等 式식 식)
등호로 나타낸 식
■ **부등식**(不等式)
부등호로 나타낸 식
■ **등**(等), **등등**(等等)
(다른 낱말 뒤에서) 앞의 것과
같은 그 밖의 것
■ **등지**(等 地땅 지)
(장소를 나타내는 낱말 뒤에서)
앞의 장소와 같은 그 밖의 장소

等 무리 등

초등(初 처음 초 等)
처음 배우는 무리

중등(中 가운데 중 等)
중간 과정을 배우는 무리

고등(高 높을 고 等)
높은 과정을 배우는 무리

월등(越 넘을 월 等)
무리 중에서 실력이나 수준이
남들보다 뛰어남

열등(劣 못할 열 等)
무리 중에서 실력이나 수준이
남들보다 못함

열등생(劣 等 生 학생 생)
실력이나 성적이 무리에서 남
들보다 못한 학생

열등감(劣 等 感 느낄 감)
자신이 무리에서 남보다 못하
다고 느끼는 것

민호가 좀 심했네요. 초등(初等)학생이 중학교 교실에 들어가
다니요.

같은 사람들이 여럿 모이면 무리가 생겨나는데, 이럴 때 무리라
는 뜻의 등(等)을 붙여요.

여러분이 어떤 배움의 무리에 속해 있는가에 따라서 부르는 말
이 달라진답니다.

처음 배우는 무리는 초등, 초등학교에 다니지요.

중간 과정을 배우는 무리는 중등, 중학교에 다니지요.

높은 과정을 배우는 무리는 고등, 고등학교에 다니지요.

여럿이 모여 있으면 그중에서 잘하는 사람도 있고, 못하는 사람
도 있게 마련이랍니다.

무리 중에서 실력이나 수준이 남들보다 뛰어난 것을 월등(越等)
이라고 해요. 반대로 무리 중에서 실력이나 수준이 남들보다 못
한 것은 열등(劣等)이라고 하지요.

다음 빈칸에 공통으로 들어갈 말은 무엇일까요? (   )

성적이 무리에서 남들보다 못한 학생은 열 ☐ 생이라고 해요.
자신이 무리에서 남보다 못하다고 느끼는 것을 열 ☐ 감이라고
해요.

정답은 등이에요.

1등급이 아니면
1억 원을 배상합니다!

等 등급 등

- **등급**(等 級단계 급)
  차이를 여럿으로 구분한 단계
- **등수**(等 數셀 수)
  등급에 따라 정한 차례
- **우등생**
  (優우수할 우 等 生학생 생)
  성적 등급이 우수한 학생
- **관등**(官관리 관 等)
  관리나 벼슬의 등급
- **동등**(同같을 동 等)
  같은 등급
- **하등**(下아래 하 等)
  낮은 등급
- **감등**(減덜 감 等)
  등급을 내림
- **강등**(降내릴 강 等)
  등급을 내림

등급(等級)은 좋고 나쁨 등의 차이를 여럿으로 구분한 단계를 말해요. 소고기에도 등급이 있어서 품질이 제일 좋아 맛있는 것을 1등급이라고 해요. 이처럼 등(等)은 등급을 나타내는 말로도 쓰여요. 등급에 따라 정한 차례는 등수라고 해요.

다음 대화의 빈칸을 들어갈 말은 무엇일까요? (   )

- : 시험 잘 봤니?
- : 너무 어려웠어요.
- : 그래서야 우□생이 될 수 있겠니?
- : 치, 엄만 만날 □수만 따져요.

정답은 등급을 나타내는 등이에요.
벼슬자리의 등급은 관등(官等)이라고 해요. 등급이 같으면 동등(同等)하다고 하고, 등급이 낮으면 하등(下等)이라고 하지요. 등급을 낮추는 것은 감등(減等) 또는 강등(降等)이라고 해요.

내가 나이도 어린데 반말해서 미안하네. 내 관등이 높아서리… ㅋㅋ
괜찮사옵니다. 곧 강등되신답니다.

팔	등	신	등	분	평	등	균	등	대	등	동	등
부	등	호	등	호	초	등	등	수	월	등	강	등

等
같을 등

팔등신

등분

평등

균등

대등

등호

부등호

등식

부등식

등, 등등

등지

초등

중등

① 주어진 한자를 따라 쓰세요.

| 분 | | | | | | 평 |

팔   신   等   부   식

| 식 | | 같을 등 | | | | 감 |

② 어떤 낱말에 대한 설명인지 쓰세요.

1) 키가 얼굴 길이의 8배가 되는 몸 → ☐☐☐

2) 같음을 나타내는 기호 → ☐☐

3) 부등호로 나타낸 식 → ☐☐☐

4) 무리 중에서 실력이나 수준이 남들보다 뛰어남 → ☐☐

5) 실력이나 성적이 무리에서 남보다 못한 학생 → ☐☐☐

③ 알맞은 낱말을 찾아 문장을 완성하세요.

1) 나는 성적이 우수한 ☐☐☐ 이야.

2) 마트에서 산 1☐☐ 한우로 불고기를 해 먹었어.

3) 벼슬자리의 등급은 ☐☐ 이라고 해.

4) 중학교를 졸업한 언니는 ☐☐ 학교에 입학했어.

4 문장에 어울리는 낱말을 골라 ○표 하세요.

1) 참여한 모든 사람에게 (균등 / 관등)한 기회가 주어져야 해.

2) 옛날에 영의정은 최고 높은 (관등 / 강등)이었대.

3) 이번 휴가 때 강원도 (등지 / 등산)을(를) 돌아다녔어.

4) 모든 사람들은 법 앞에 (균등 / 평등)해야 해.

5 다음 중 '같을 등(等)'이 쓰인 문장을 고르세요. (   )

① 옛날에 영의정은 최고 높은 <u>관등</u>이었대.

② 내 <u>등</u>에 뭐가 붙었는지 좀 봐 줘.

③ 아이유, 블랙핑크 <u>등</u>이 나의 이상형이야.

④ <u>우등상</u> 한 번 못 타고 졸업할 순 없지!

6 그림을 보고, 공통으로 들어갈 낱말을 쓰세요.

      2 < 3

우□생   □분   팔□신   부□호

고등

월등

열등

열등생

열등감

등급

등수

우등생

관등

동등

하등

감등

강등

푼돈 모아 목돈!

돈

물건의 값을 매기고 물건을 살 수 있는 것

푼돈 모아 목돈이 된다라는 말은 적은 돈이라도 꼬박꼬박 모으면 나중에 많은 돈이 된다는 말이에요. 돈은 물건의 값을 매기고, 무엇인가를 살 수 있는 것이에요. 모으면 재산이 되지요. 여기서 푼돈은 많지 않은 몇 푼의 돈을 뜻하고, 목돈은 한몫이 될 만한, 비교적 많은 돈을 말해요.
뭉칫돈도 목돈과 비슷한 말이에요. 돈이 덩어리로 뭉쳐 있다고 해서 뭉칫돈이라고 해요.

거슬러 받은 돈을 무엇이라고 할까요? (　　　)

① 푼돈　　　　② 용돈　　　　③ 거스름돈

정답은 ③번 거스름돈이에요. 거스름돈은 셈할 돈을 빼고 돌려주거나 받는 돈을 말하지요. 용돈은 특별한 목적을 갖지 않고 자유롭게 쓸 수 있는 돈이에요.
거스름돈으로 받는 돈은 처음에 냈던 돈보다 단위가 작은 돈이겠지요? 100원짜리나 10원짜리처럼 단위가 작은 자잘한 돈은 잔돈이라고 해요.

■ 푼돈
많지 않은 몇 푼의 돈

■ 목돈
한몫이 될 만한, 비교적 많은 돈

■ 뭉칫돈
덩어리로 뭉쳐 있는 큰돈

■ 거스름돈
셈할 돈을 빼고 돌려주거나 받는 돈

■ 용(用 쓸 용)돈
특별한 목적을 갖지 않고 자유롭게 쓸 수 있는 돈

■ 잔돈
단위가 작은 돈

구두쇠 스크루지 알죠? 구두쇠를 다른 말로 수전노라고 해요.
수전노(守錢奴)는 돈을 지키는 노예라는 말이에요. 돈을 모으
기만 하고 쓸 줄 모르는 사람을 낮잡아 이르는 말이죠.
여기서 전(錢)은 돈을 뜻하는 한자어랍니다.
다음 빈칸을 채워 낱말을 완성해 보세요.
급하게 쓸 돈은 급☐,
화폐 또는 금으로 만든 돈을 뜻하는 것은 금☐,
구리로 만든 돈 또는 동그랗게 생긴 금속 돈은 동☐.
돈에도 여러 가지 종류가 있어요.

錢 돈 전

■ **수전노**
(守지킬 수 錢 奴노예 노)
돈을 지키는 노예 / 구두쇠
■ **급전**(急급할 급 錢)
급하게 쓸 돈
■ **금전**(金금 금 錢)
화폐 / 금으로 만든 돈
■ **동전**(銅구리 동 錢)
구리로 만든 돈 / 동그랗게 생
긴 금속 돈

幣 화폐 폐

■ **수표**(手손 수 票지 표)
이 표를 가진 사람에게 은행에
있는 자신의 돈을 주라고 표시
한 종이
■ **지폐**(紙종이 지 幣)
종이돈

다음 그림에 알맞은 낱말을 연결하세요.

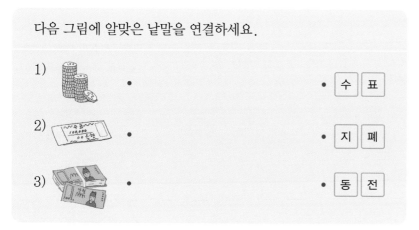

1) ● · 수 표

2) ● · 지 폐

3) ● · 동 전

정답은 1) 동전, 2) 수표, 3) 지폐예요. 모두 돈의 종류예요.
수표(手票)는 이 표를 가진 사람에게 은행에 있는 자신의 돈을
주라고 표시한 종이예요. 지폐(紙幣)는 종이돈이에요.

아무것이나 맡긴다고 은행에서 다 받아 주는 게 아니에요. 통장에는 돈을 넣어야죠. 이것을 입금(入金)한다고 해요. 반대로 통장에서 돈을 빼는 것은 출금(出金)한다고 하죠.
이처럼 금(金)도 돈을 나타내는 한자어예요.
저축은 돈을 쓰지 않고 아껴서 쌓아 두는 것을 말해요. 은행에 저축을 하면 원래의 돈인 원금(元金)에 이자가 붙어서 돈이 늘어나요.
이자나 이자의 비율을 금리(金利)라고 하죠.
원금과 이자를 합해서 원리금(元利金)이라고 해요.
은행에 맡긴 돈은 예금이라고 부르죠.

金 **돈 금**

■ **입금**(入들 입 金)
통장에 돈을 넣는 것

■ **출금**(出나갈 출 金)
통장에서 돈을 빼는 것

■ **저축**(貯쌓을 저 蓄쌓을 축)
절약해서 쌓아 둠

■ **원금**(元본래 원 金)
원래의 돈

■ **금리**(金 利이자 리)
이자 또는 이자의 비율

■ **원리금**(元 利 金)
원금과 이자를 합친 돈

■ **예금**(預맡길 예 金)
은행 따위에 돈을 맡기는 일 또는 그 돈

■ **적금**(積쌓을 적 金)
돈을 차곡차곡 쌓아 둠 또는 그 돈

■ **정기 예금**(定정할 정 期기약할 기 預金)
목돈을 한꺼번에 일정 기간 동안 맡기는 예금

■ **정기 적금**(定期積金)
매월 일정한 돈을 쌓은 뒤 목돈을 찾는 예금

■ **보통 예금**(普넓을 보 通통할 통 預金)
자유롭게 돈을 맡기고 찾을 수 있는 예금

다음 설명에 알맞은 예금의 종류를 연결하세요.

1) 자유롭게 돈을 맡기고 찾을 수 있는 예금 • | 정 기 예 금

2) 매월 일정한 돈을 쌓은 뒤 목돈을 찾는 예금 • | 정 기 적 금

3) 목돈을 한꺼번에 일정 기간 동안 맡기는 예금 • | 보 통 예 금

답은 1) 보통 예금, 2) 정기 적금, 3) 정기 예금이에요.

잔액(殘남을 잔 額수효 액)
남은 액수

값
사고파는 물건에 매겨진 돈

가격(價값 가 格매길 격)
물건의 가치를 돈으로 매긴 것

비용(費쓸 비 用쓸 용)
어떤 일을 하는 데 드는 돈

급식비
(給줄 급 食밥 식 費)
밥을 주는 데 드는 돈

차비(車차 차 費)
차를 타는 데 드는 비용

관리비
(管맡을 관 理다스릴 리 費)
건물 등을 관리하는 데 드는 돈

요금(料헤아릴 요 金)
무엇을 받는 대신 내는 돈

세금(稅거둬들일 세 金)
국가에서 국민들에게 서비스를
하는 대신 받아 가는 돈

예금이나 적금을 부으면서 통장 잔액을 확인하면 뿌듯하죠?

잔액은 글자 그대로 남은 액수라는 말이에요.

무언가를 받거나 사고 그 대가로 내는 돈의 이름은 저마다 달라

요. 먼저 값이 있어요. 물건에 매겨진 돈이죠. 값 대신 가격이

라고 할 수도 있어요.

비용(費用)은 어떤 일을 하는 데 드는 돈을 말해요.

비용이 어떤 말 뒤에 붙으면 그냥 비가 되기도 해요.

밥을 주는 데 드는 비용은 급식☐,

차를 타는 데 드는 비용은 차☐,

아파트 관리에 들어가는 돈은 관리☐.

무엇을 받는 대신 내는 돈엔 요금(料金)이란 말도 써요. 수도

요금이나 전기 요금, 가스 요금 등에 쓰지요. 요금 대

신 비를 써서 수도비, 전기비, 가스비라고도 해요.

국가에서 국민들에게 서비스를 하는 대신 받아 가는

돈은 세금이에요.

돈

푼돈

목돈

뭉칫돈

거스름돈

잔돈

용돈

수전노

급전

금전

동전

수표

지폐

입금

출금

저축

원금

① 공통으로 들어갈 낱말을 쓰세요.

| 용 | | | | | | | | 목 |
| 잔 | 뭉 칫 | | | 거 스 름 | | | 푼 |

② 어떤 낱말에 대한 설명인지 쓰세요.

1) 셈할 돈을 빼고 돌려 주거나 받는 돈 → ☐☐☐☐

2) 급하게 쓸 돈 → ☐☐

3) 사고파는 물건에 매겨진 돈 → ☐

4) 은행에 맡겨둔 돈 → ☐☐

5) 이자 또는 이자의 비율 → ☐☐

③ 알맞은 낱말을 찾아 문장을 완성하세요.

1) 너 어제 엄마안테 ☐☐ 받는 닐이있지? 떡볶이 시 줘.

2) 아이스크림 ☐☐ 이 또 올랐어!

3) 국민들이 낸 ☐☐ 덕분에 우리가 초등학교를 무료로 다니는 거야.

4) 길을 가다 한 덩어리의 ☐☐☐ 을 주웠어. 이 돈은 경찰서에 가
져가야지.

4 문장에 어울리는 낱말을 골라 ○표 하세요.

1) 버스를 타고 가야 하는데 (차비 / 비용)이(가) 없어.

2) 한 달에 한 번 아파트 (세금 / 관리비)을(를) 내야 해.

3) 매달 1만 원씩 은행에 (급전 / 저축)하기로 결심했어.

4) 인터넷몰에서는 원래의 (대가 / 가격)보다 싸게 파는 것들이 많아.

5 빈칸에 들어갈 낱말이 순서대로 바르게 짝지어진 것을 고르세요. (   )

> 수빈이는 동전 하나 함부로 쓰지 않는 진짜 ☐☐☐ (이)다. 그런데 오늘 그동안 은행에 저축했던 돈을 찾으니 ☐☐☐이(가) 1백만 원이 넘는다고 자랑을 했다. 그런 ☐☐을(를) 모으다니, 정말 부럽다.

① 뭉칫돈 – 수전노 – 잔돈　　② 수전노 – 원리금 – 목돈

③ 목돈 – 수전노 – 뭉칫돈　　④ 원리금 – 수전노 – 목돈

6 설명을 읽고, 알맞은 낱말을 연결하세요.

1) 통장에 돈을 넣는 것　　　　　　•　　•　출금

2) 통장에서 돈을 빼는 것　　　　　•　　•　입금

3) 목돈을 한꺼번에 일정 기간 동안 맡기는 예금　•　　•　정기 예금

4) 매월 일정한 돈을 쌓은 뒤 목돈을 찾는 예금　•　　•　정기 적금

금리 / 원리금 / 예금 / 적금 / 정기 예금 / 정기 적금 / 보통 예금 / 잔액 / 값 / 가격 / 비용 / 급식비 / 차비 / 관리비 / 요금 / 세금

동전의 뒷면은 어느 쪽일까?

뒷면이 어느 쪽인지 알려면 뒤의 뜻을 알아야겠죠?
뒤는 사람이나 사물이 향하고 있는 방향의 반대쪽을 뜻해요. 동전에서는 이순신 장군이 바라보고 있는 방향의 반대쪽이 뒷면이지요.
머리의 뒷부분은 뒤통수, 목의 뒷부분은 뒷덜미, 두 손을 등 뒤로 돌려 마주 잡는 것은 뒷짐이에요. 뒷짐을 지다라고 쓰지요.

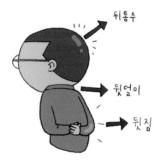

뒤
향하고 있는 방향의 반대

뒤통수
머리의 뒤

뒷덜미
목의 뒤

뒷짐
두 손을 등 뒤로 돌려 마주 잡는 것

뒷짐을 지다
상관없는 사람처럼 구경만 하다

뒷덜미를 잡히다
꼼짝 못 하고 잡히다

어라? 성민이가 친구들과 장난치다가 선생님께 혼나고 있군요! 선생님께서 성민이의 어디를 잡고 있죠? (   )

① 어깨   ② 뒷덜미   ③ 뒤통수

네, 정답은 ②번 뒷덜미예요.
뒷덜미를 잡히니까 꼼짝달싹 못 하고 매달려 있네요. 이처럼 뒷덜미를 잡히다는 꼼짝 못 하고 잡히다를 뜻해요.

뒤, 나중

■ **뒷전**
장소의 뒤 / 시간의 나중

■ **뒤탈**
어떤 일의 뒤에 생기는 탈

■ **뒷북치다**
뒤에 쓸데없이 수선을 떠는 것

■ **뒷감당**
일의 뒤끝을 맡아서 처리하는 것
= 뒷갈망

■ **뒷고생**
나이가 든 뒤에 하는 고생

■ **뒷날**
나중의 날 / 앞으로 다가올 날

뒷전이란 말이 두 가지 뜻으로 쓰였어요. 뒷전에서 놀리다라고 할 때는 장소의 뒤를 뜻한 것이고, 숙제는 뒷전이라고 할 때는 시간의 뒤인 나중을 뜻한 것이에요. 이처럼 뒤는 방향이나 장소의 뒤을 뜻하기도 하고, 시간이나 순서의 나중을 뜻하기도 해요.

다음 빈칸에 들어갈 말은 무엇일까요?

1) 일의 나중에 일어나는 탈이나 사고는 ☐탈
2) 뒤늦게 쓸데없이 수선을 떠는 것은 ☐북치다
3) 일의 뒤끝을 맡아서 처리하는 것은 ☐감당 또는 ☐갈망
4) 나이가 든 뒤에 하는 고생은 ☐고생

답은 1) 뒤, 2) 뒷, 3) 뒷, 4) 뒷이에요.

그런데 왜 어떤 건 '뒤'고 어떤 건 '뒷'일까요?

뒤가 아닌 뒷을 써야 하는 때는 다음 두 가지예요.

첫째, 뒤 다음에 오는 말이 된소리로 발음될 때이지요. 예를 들어, 뒷전은 [뒫:쩐]으로 발음되죠.

둘째, 뒤가 [뒨]으로 발음될 경우예요. 뒷날이 [뒨:날]로 발음되는 것처럼 말이죠. 뒷날은 나중의 날, 앞으로 다가올 날을 뜻해요.

🔔 **이런 말도 있어요**

똥을 누는 것을 점잖게 말할 때 뒤보다라고 해요.
뒷간은 뒤보는 장소, 즉 화장실이지요.

성민이가 자전거를 배우고 있어요. 아빠가 성민이를 도와주려면 어떻게 해야 할까요? (   )

① 앞에서 당긴다.   ② 뒤에서 받쳐 준다.

네, 정답은 ②번 뒤에서 받쳐 준다예요.

앞으로 나갈 수 있게끔 하려면 뒤에서 도와줘야겠죠?

이처럼 뒤에서 지지하고 도와주는 것을 뒷받침하다라고 해요.

여기서 뒤는 어떤 일을 할 수 있게 도와주는 힘이라는 뜻으로 쓰였어요.

뒤에서 바라지하는 것은 뒷바라지라고 해요. 바라지란 음식이나 옷을 대어 주거나 돌보아 주는 일을 말해요. 이렇게 뒷바라지하는 것을 뒤를 대다라고도 하지요. 대다는 돈이나 물건 따위를 마련해 준다는 말이에요.

다음 빈칸에 들어갈 알맞은 말은 무엇일까요?

1) 남을 뒤에서 돌보아 주는 것은 ☐보아주다
2) 장사판이나 노름판에서 뒤를 대어 도와주는 돈은 ☐돈

정답은 1) 뒤, 2) 뒷이에요.

뒷돈은 [뒫ː똔]으로 발음되니까 앞에서 배운 것처럼 ⌐

뒷을 써야 하겠죠!

뒷돈은 남몰래 뒤에서 주고받는 돈이라는 뜻으로도 쓰인답니다.

뒤
어떤 일을 할 수 있게 도와주는 힘

■ **뒷받침하다**
뒤에서 지지하고 도와주다

■ **뒷바라지**
음식이나 옷을 대어 주거나 돌보아 줌

■ **뒤를 대다**
뒤에서 돈이나 물건 등을 마련해 줌

■ **뒤보아주다**
뒤에서 돌보아 주다

■ **뒷돈**
장사나 노름판에서 뒤를 대어 도와주는 돈

뒤

몹시, 마구, 온통

- **뒤덮다**
  빈 데 없이 온통 덮다
- **뒤흔들다**
  마구 흔들다
- **뒤섞다**
  마구 섞다
- **뒤엉키다**
  마구 엉키다

저런, 뒤덮다는 뒤를 덮다를 뜻하는 말이 아니에요.

이불을 덮어 씌우듯이 무언가를 하나 더 씌우고 가리는 것이 덮다인데, 이 말에 뒤가 붙으면 그 정도가 강해지죠.

이렇게 어떤 낱말 앞에 뒤가 붙으면 '몹시, 마구, 온통'이라는 뜻이 더해진답니다.

눈이 조금만 내리면 산을 다 덮을 수 없어요. 눈이 많이 내려야 산을 뒤덮을 수 있지요.

뒤를 붙여 다른 낱말을 만들어 볼까요?

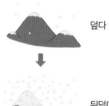

덮다

뒤덮다

1 공통으로 들어갈 낱말을 쓰세요.

| 탈 | | | | 덮 다 |
| 보 다 | 통 수 | | 엉 키 다 | 섞 다 |

2 어떤 낱말에 대한 설명인지 쓰세요.

1) 두 손을 등 뒤로 돌려 마주 잡는 것 ➡ ☐☐

2) 변소를 점잖게 이르는 말 ➡ ☐☐

3) 뒤에서 지지하고 도와주는 일 ➡ ☐☐☐

4) 앞으로 다가올 날 ➡ ☐☐

3 알맞은 낱말을 찾아 문장을 완성하세요.

1) 답을 몰라 낯을 붉히면서 ☐☐☐ 를 긁었어.

2) 끈이 기둥에 ☐ 엉겨 있어서 풀 수가 없다.

3) 공부는 ☐☐ 으로 미루고 친구들과 노느라 정신이 없어.

4) 실수한 후에 ☐☐ 치며 후회해 봤자 소용없어.

4 문장에 어울리는 낱말을 골라 ○표 하세요.

1) 일을 제대로 처리하지 않으면 나중에 (뒤탈 / 뒷북)이 생겨.

2) 지수에게 책 정리를 맡겼더니 순서를 모두 (뒤섞어 / 뒤덮어) 놓았어.

3) 기업으로부터 (뒷짐 / 뒷돈)을 받은 국회 의원이 그 사실을 고백했어.

5 대화를 읽고, 알맞은 말끼리 연결된 것을 고르세요. (　　)

> 다빈 : 너, 지금 뭐 하니?
>
> 성민 : 함정 만드는 거야. 너도 □□지고 구경만 하지 말고 좀 도
>
> 와줘. 지나가다 빠지면 깜짝 놀라겠지?
>
> 다빈 : 그러다 크게 다치면 □□□을(를) 어떻게 하려고?
>
> 성민 : 괜찮아. □□ 생각하면 다 즐거운 추억이 될 거야.

① 뒷짐 – 뒷감당 – 뒷날　　　② 뒷돈 – 뒷감당 – 뒷짐

③ 뒷덜미 – 뒤탈 – 뒷날　　　④ 뒤통수 – 뒷덜미 – 뒷짐

6 같은 뜻으로 쓰인 '뒤'를 따라갔을 때 나오는 것을 고르세요. (　　)

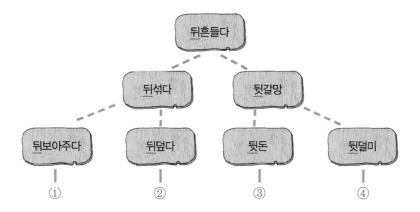

| 뒤보다 |
| 뒷간 |
| 뒷받침하다 |
| 뒷바라지 |
| 뒤를 대다 |
| 뒤보아주다 |
| 뒷돈 |
| 뒤덮다 |
| 뒤흔들다 |
| 뒤섞다 |
| 뒤엉키다 |

튼튼한 뿌리로 지탱해

뿌 리

내 **뿌리털** 어때? 멋지지?

먹지요

우리는 두 발로 걸어 다니고, 손으로 맛있는 음식도 먹지요? 그럼 식물은 어떻게 서 있고, 또 영양분을 먹을까요? 그건 우리 몸의 각 부분처럼 식물에서 이러한 역할을 담당하고 있는 뿌리, 줄기, 잎 등이 있기 때문이지요.

식물을 지탱하는 뿌리와 줄기

뿌리는 식물의 밑동이에요. 땅속으로 뻗어 나가 식물을 지탱하고 물과 영양분을 빨아올리는 기관이지요.

뿌리 바깥쪽에는 뿌리털이 있어요. 뿌리털은 뿌리 끝에 나온 가는 털로, 실처럼 길게 나와 있어 최대한 많은 물을 빨아들여요.

일부 식물들은 잎에서 만든 영양분을 뿌리에 저장하기도 해요. 뿌리에 영양분이 가득 저장되면 불룩하게 커지는데, 고구마나 당근이 바로 뿌리가 불룩하게 커진 저장뿌리예요.

그럼 감자도 저장뿌리일까요? 아니에요. 감자는 줄기랍니다.

줄기는 흙 위에서 식물을 지탱하면서 물과 영양분을 나르는 역할을 하는 기관이에요. 풀에 있는 가느다란 줄기는 풀줄기, 나무에 있는 굵은 줄기는 나무줄기라고 하지요.

뿌 리

식물의 밑동 / 식물을 지탱하고 물과 영양분을 빨아올리는 기관

- **뿌리털**
뿌리 끝에 나온 가는 털
- **저장뿌리**(貯쌓을 저 藏곳간 장)
양분을 저장하기 위해 커진 식물의 뿌리
- **줄기**
식물을 지탱하면서 물과 영양분을 나르는 역할을 하는 기관
- **풀줄기**
풀에 있는 줄기
- **나무줄기**
나무에 있는 줄기
- **물관**(管 대롱 관)
물이 이동하는 관
- **체관**(管)
양분이 이동하는 관

줄기에는 물이 이동하는 관인 물관, 영양분이 이동하는 관인 체관이 있어요.
물관과 체관은 한데 모여 다발을 이루고 있어 관다발이라고 해요.

잎이 들어가 있는 말, 말, 말!

잎은 줄기 끝이나 둘레에 붙어 햇빛을 받아 영양분을 만들고 숨도 쉬어요.

씨앗에서 움이 트면서 최초로 나오는 잎을 떡잎이라고 해요.

떡잎이 한 장인 것은 외떡잎식물, 두 장인 것은 쌍떡잎식물이에요. 그리고 떡잎 뒤에 나오는 잎은 본잎이지요.

잎에는 물과 영양분이 이동하는 관들이 손금처럼 여러 갈래로 뻗어 있는데, 잎에 있는 관다발을 둘러싼 부분을 잎맥이라고 해요. 맥(脈)은 관이 여러 갈래로 흐르는 모양을 뜻해요.

잎이라는 뜻의 한자어는 엽(葉)이에요. 그래서 낱말에 엽이 있으면 잎과 관련이 있답니다.

낙엽은 떨어진 잎, 침엽은 바늘(침)처럼 가늘고 끝이 뾰족한 잎, 활엽은 넓고 큰 잎이에요. 활엽은 잎사귀라고도 해요.

'엽' 자가 들어가는 낱말 중에 엽록체도 있어요. 엽록체 때문에 잎이 녹색으로 보이지요. 엽록체는 녹색을 띠며 녹말을 만드는 중요한 부분이에요.

■ **관다발**(管)
물관과 체관이 한데 모여 이룬 다발

■ **잎**
줄기의 끝이나 둘레에 붙어 햇빛을 받아 영양분을 만들고 숨을 쉬는 기관

■ **떡잎**
씨앗에서 움이 트면서 최초로 나오는 잎

■ **외떡잎**

■ **쌍**(雙두쌍)**떡잎**

■ **본**(本본래 본)**잎**
보통의 잎

■ **잎맥**(脈줄기 맥)
잎에 있는 관다발을 둘러싼 부분

■ **낙엽**(落떨어질낙 葉잎엽)
떨어진 잎

■ **침엽**(針바늘질 葉)
바늘처럼 가늘고 끝이 뾰족한 잎

■ **활엽**(闊넓을활 葉)
넓고 큰 잎
= 잎사귀

■ **엽록체**
(葉 綠초록빛록 體몸체)
식물 잎에서 녹색을 띠며 녹말을 만드는 중요 부분

저	장	뿌	리		풀			물		잎	사	귀		낙
		리		나	무	줄	기	체	관	맥			침	엽
		털				기								

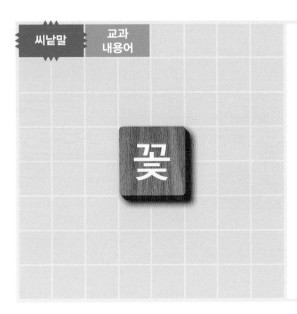

뿌려진 씨는 다시 꽃이 돼!

꽃을 통해 씨는 퍼트려지고
씨는 꽃을 통해
만들어진다네 ···

봄이 되면 개나리와 벚꽃이 피어요. 겨우내 잠들어 있다가 깨어나는 것처럼요. 그런데 꽃이 피는 데는 다 이유가 있어요.

꽃은 식물의 번식 기관이에요. 그래서 식물은 꽃을 통해 씨를 퍼트리지요. 꽃을 통해 만들어진 씨는 나중에 싹이 터서 새로운 식물로 자라게 되지요.

꽃과 씨가 들어간 말, 말, 말!

꽃을 받치고 있는 것은 꽃받침,

꽃을 이루고 있는 잎은 꽃잎,

꽃잎의 밑동 부분이 붙어 있는 꽃은 통꽃,

꽃잎의 밑동 부분이 떨어져 있는 것은 갈래꽃이에요.

꽃의 가루는 꽃가루, 화분이라고도 해요.

꽃가루와 꽃가루를 싸고 있는 부분은 꽃밥이라고 하고요.

꽃이 씨를 만들려면 꽃가루받이를 해야 해요. 꽃가루받이는 꽃가루가 옮겨 가는 일로 수분이라고도 하지요.

꽃가루받이를 통해 꽃가루는 밑씨를 품고 있는 방인 씨방에서 밑씨를 만나게 되지요. 밑씨는 씨방 속에 숨어 있는 기관이에요.

꽃
식물의 번식 기관

■ **씨**
나중에 싹이 터서 새로운 식물이 되는 것

■ **꽃받침**
꽃을 받치고 있는 기관

■ **꽃잎**
꽃을 이루고 있는 잎

■ **통꽃**
꽃잎의 밑동 부분이 붙어 있는 꽃

■ **갈래꽃**
꽃잎의 밑동 부분이 떨어져 있는 꽃

■ **꽃가루**
= 화분(花꽃화 粉가루분)

■ **꽃밥**
꽃가루와 그것을 싸고 있는 부분

꽃가루

씨방

밑씨

싹트기

열매와 씨

감이 탐스럽게
잘 익었다!

아얏!

- **꽃가루받이**
꽃가루가 옮겨 가는 일
= 수분(受받을 수 粉)
- **씨방**(房방방)
밑씨를 품고 있는 방
- **밑씨**
자라서 씨가 되는 부분
- **풍매화**(風바람 풍 媒매개할 매
花)
바람에 의해 꽃가루가 옮겨 가
수분이 이루어지는 꽃
- **충매화**(蟲벌레 충 媒花)
곤충에 의해 꽃가루가 옮겨 가
수분이 이루어지는 꽃
- **수매화**(水물 수 花)
물에 의해 꽃가루가 옮겨 가 수
분이 이루어지는 꽃
- **조매화**(鳥새 조 媒花)
새에 의해 꽃가루가 옮겨 가 수
분이 이루어지는 꽃
- **국화**(國나라 국 花)
한 나라를 상징하는 꽃
- **개화**(開열 개 花)
꽃이 핌
- **조화**(造만들 조 花)
종이, 천, 비닐 등의 재료로 만
든 꽃

꽃의 이름에 붙이는 말, 꽃 화(花)

봄에 다니다 보면 옷에 뭐가 잔뜩 달라 붙어 떼 내느라 고생한
적이 있을 거에요. 이것들은 식물의 씨예요.

식물의 씨는 여러 가지 방법으로 이동하여 퍼져 나가는데, 씨가
퍼지는 방법에 따라 꽃을 분류하기도 해요.

꽃가루가 바람에 날려서 퍼지면 바람 풍(風)을 써서 풍매화,

동물이나 곤충의 몸에 붙어서 퍼지면 벌레 충(蟲)을 써서 충매화,

물에 떠서 퍼지면 물 수(水)를 써서 수매화,

새의 도움을 받아서 퍼지면 새 조(鳥)를 써서 조매화라고 불러요.
모두 꽃 화(花) 자가 붙었죠?

화(花)는 꽃이란 뜻에서 꽃을 뜻하는 단어에 많이 붙어요.

나라꽃은 국화(國花), 꽃이 피는 것은 개화(開花), 꽃을 만드는
것은 조화(造化)처럼요.

꽃	잎		갈		조			수		개		밑	씨
받			래		매			매		조	화		방
침			통	꽃	충	매	화	풍	매	화			

① [보기]의 낱말과 관련이 있으며, 식물을 지탱하고 물과 영양분을 빨아올리는 식물 기관의 이름을 쓰세요.

보기 　뿌 리 털 　저 장 뿌 리 　　　□ □

② 주어진 낱말을 넣어 문장을 완성하세요.

1) 저 장 뿌 리 / 리 / 털

실처럼 뿌리 끝에 나온 가는 털은 □ □ □ 이고, 고구마처럼 뿌리에 영양분을 저장하는 뿌리를 □ □ □ □ 라고 해.

2) 물 / 체 관

줄기에서 물이 이동하는 관은 □ □ 이고, 영양분이 이동하는 관은 □ □ 이야.

3) 본 / 떡 잎

씨앗이 움트면서 최초로 나오는 잎은 □ □ , 그 뒤에 나오는 잎은 □ □ 이야.

③ 문장에 어울리는 낱말을 골라 ○표 하세요.

1) 떡잎이 두 장인 것은 (외떡잎 / 쌍떡잎)식물이야.

2) 잎이 바늘처럼 뾰족한 것은 (활엽 / 침엽)이야.

④ 예문에 어울리는 낱말을 써넣으세요. [과학]

식물은 크게 뿌리, 줄기, □ , 꽃 등으로 구성되어 있으며 각기 역할이 다르다. 땅속의 □ □ 는 식물을 지탱해 주는 역할을 하고 물을 흡수한다. 줄기에는 물관과 체관이 있으며 이를 아울러 □ □ □ 이라고 한다. □ 은 햇빛을 받아서 영양분을 만드는 역할을 한다.

뿌리
뿌리털
저장뿌리
줄기
풀줄기
나무줄기
물관
체관
관다발
잎
떡잎
외떡잎
쌍떡잎
본잎
잎맥
낙엽
침엽
활엽
잎사귀
엽록체

1 공통으로 들어갈 낱말을 쓰세요.

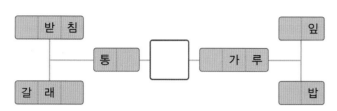

2 주어진 낱말을 넣어 문장을 완성하세요.

1)
	통
갈 래	꽃

꽃잎의 밑동이 붙어 있는 곳은 ☐☐이고, 꽃의 밑동 부분이 떨어져 있는 꽃은 ☐☐☐이야.

2)
꽃	가	루
받		
침		

화분이라고도 하는 꽃의 가루는 ☐☐☐라고 하고, 꽃을 받치고 있는 부분은 ☐☐☐이라고 해.

3 문장에 어울리는 낱말을 골라 ○표 하세요.

1) 식물은 (꽃가루 / 꽃잎)을(를) 통해 씨를 퍼뜨려.

2) 수박이나 포도와 같은 열매는 (씨방 / 밑씨)이(가) 자라서 된 거야.

3) 바람이나 벌레 등이 꽃의 (꽃가루 / 씨)를 옮겨 줘.

4 예문에 어울리는 낱말을 써넣으세요. [과학]

식물의 씨는 여러 방법으로 이동하여 퍼져 나간다. 씨가 바람에 날려서 퍼지면 ☐☐☐, 동물이나 곤충의 몸에 붙어서 퍼지면 ☐☐☐, 물에 떠서 퍼지면 ☐☐☐, 새의 도움을 받아서 퍼지면 ☐☐☐라고 한다.

꽃
씨
꽃받침
꽃잎
통꽃
갈래꽃
꽃가루
화분
꽃밥
꽃가루받이
수분
씨방
밑씨
풍매화
충매화
수매화
조매화
국화
개화
조화

내가 사는 도는?

경상도

경주

경주+상주+도(道)

경주에 '경'   상주에 '상'

집 주소를 말할 때 어떻게 말하나요? "○○도···"라고 하죠? 우리가 사는 곳을 말할 때 어느 도에 사는지부터 말하는 것이지요. 나라를 다스리기 편하게 지역을 나누고 지명에 행정 구역을 뜻하는 도(道)를 붙였기 때문이랍니다.

우리나라 전체 지도를 보면 동남부 지역에 경상도가 있어요. 경상도란 지명은 옛날부터 그 지역의 대표적인 고을이었던 경주와 상주의 첫 글자를 따서 만들어진 거예요.

도(道)가 들어간 행정 구역의 이름

경기도는 우리나라 중서부에 있는 행정 구역이에요. 경(京)은 서울을, 기(畿)는 서울 주변의 땅을 뜻해요. 그러니까 경기도는 서울 주변에 있는 지역이에요. 우리나라 지도를 보면 실제로 경기도가 서울을 둘러싸고 있답니다.

강원도는 우리나라 중동부에 있는 행정 구역이에요.

옛날부터 강릉과 원주라는 곳이 유명하여 강릉과 원주의 첫 글자를 따서 강원도라 부르지요.

경기도 아래에 있는 행정 구역인 충청도는 충주와 청주의 첫 글

慶	尚	道
경사 경	높일 상	길 도

경상북도와 경상남도를
통틀어 이르는 말

■ 경주(慶경사 경 州고을 주)

■ 상주(尚높일 상 州)

■ 경기도(京서울 경 畿경기 기 道
길 도)
서울 주변에 있는 지역

■ 강원도(江강 강 原언덕 원 道)
우리나라 중동부에 있는 도

■ 강릉(江 陵언덕 릉)

■ 원주(原州)

■ 충청도
(忠충성 충 淸맑을 청 道)

■ 충주(忠州)

■ 청주(淸州)

지를 띠서 붙인 이름이고, 우리나라 서남부에 있는 행정 구역인 전라도는 전주와 나주의 첫 글자를 따서 붙인 이름이에요.

각 지역을 부르는 또 다른 이름

각 행정 구역을 부르는 별명이 있어요.

강원도는 영동 지방 또는 영서 지방이라고 불러요. 강원도에는 우리나라의 뼈대인 태백산맥이 있어 반드시 고개를 넘어야 오갈 수 있지요.

야휴. 여기서부터가 영동이라고? 내가 얼마나 걸은 거야…

고개 령(嶺)을 써서 동쪽은 영동, 서쪽은 영서라고 부르지요.

경상도는 영남이라고도 불러요. 소백산맥에 있는 고개의 남쪽에 있어서죠.

전라도의 또 다른 이름은 호남이에요. 금강 하류와 김제 벽골제라는 호수의 남쪽에 있어서 호수 호(湖)를 써서 호남이라 하지요.

금강 상류와 제천 의림지란 호수의 서쪽에 있는 충청도는 호서 지방이라고 불러요.

그렇다면 기호 지방은 어느 지역의 별명일까요?

바로 경기도와 황해도, 호서 지방 일부를 아우르는 지역을 일컬어요. 경기와 호서에서 글자를 딴 것이지요.

전라도(全 온전할 전 羅 비단 나 道)
전라북도와 전라남도를 통틀어 이르는 말

전주(全州)

나주(羅州)

영동(嶺 고개 영 東 동쪽 동)
강원도에서 대관령의 동쪽에 있는 지역

영서(嶺 西 서쪽 서)
강원도에서 대관령의 서쪽에 있는 지역

영남(嶺 南 남쪽 남)
조령의 남쪽이라는 뜻에서 경상도를 이르는 말

호남(湖 호수 호 南)
호수의 남쪽이라는 뜻에서 전라도를 이르는 말

호서(湖西)
호수의 서쪽이라는 뜻에서 충청도를 이르는 말

기호(畿湖)
경기도와 황해도, 호서 지방 일부를 아우르는 지역을 이르는 말

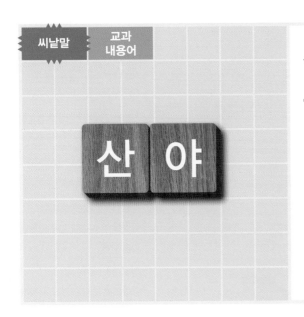

산야로 이루어진 우리나라

어머니의 병환을 위해 산삼을 찾아 3년째 **산야**를 누볐건만··· 이제 집에 가야겠다.

저 여기 있어요.

山 뫼 산	野 들 야
산과 들을 아울러 이르는 말	

■ **산지**(山 地땅지)
들이 적고 산이 많은 곳

■ **고산 지대**(高높을 고 山地帶띠 대)
높은 산으로 이루어진 곳

■ **산간**(山 間사이 간)
산과 산 사이에 골짜기가 많은 곳

■ **산간지역**(山 間地 域구역역)
산이 굽이굽이 많은 지역

■ **산지촌**(山地 村마을 촌)
산지에 이루어진 촌락

■ **산림**(山 林수풀 림)
산에 있는 숲

■ **삼림**(森수풀 삼 林)
나무가 무성하게 우거진 숲

■ **삼림욕**(森林 浴목욕할 욕)
숲의 기운을 쐬는 일

우리나라를 동서로 자른다면 어떤 모양일까요?

중절모를 엎어 놓은 듯한데 동쪽이 높고 서쪽이 낮은 모양일 거예요. 왜냐하면 북동부 지역은 높은 산이 많은 산지이고, 서남부 지역은 넓은 들판이 펼쳐져 있는 평지이기 때문이에요.

이처럼 우리나라는 대부분 산과 들로 이루어져 있는데, 산과 들을 아울러 산야라고 해요.

산(山)이 들어간 말, 말, 말!

산지는 들이 적고 산이 많은 곳이고, 그중에서 높은 산으로 이루어진 곳은 고산 지대라고 해요.

산간은 산과 산 사이에 골짜기가 많은 곳이에요.

산이 굽이굽이 많은 지역은 산간 지역이라고 하지요.

그리고 산지에 이루어진 촌락을 산지촌이라고 한답니다.

산림은 산에 있는 숲(林)이에요.

나무가 무성하게 우거진 숲을 삼림이라고 하죠.

삼림 속에서 목욕을 하듯이 숲의 기운을 쐬는 것은 삼림욕이에요.

산악은 매우 높고 험준한 산을 말해요. 그래서 악! 소리가 나오게 오르기 힘든 산이지요.
설악산, 치악산, 월악산 등 이름에 악(嶽)이 들어가 있는 산은 정말 오르기가 힘들답니다. 산이 길게 이어져 있으면 줄기 맥(脈)을 붙여 산맥이라고 해요. 산줄기라고도 하지요.

아휴, 힘들어. 도대체 **삼림욕**을 어디서 한다는 거야?

아, **삼림욕**은 상쾌해!

우리나라는 국토의 70%가 산인만큼 태백산맥, 소백산맥 등 산맥이 많답니다.

야(野)가 들어간 말, 말, 말!

야(野) 자는 들판을 뜻해요.
평평한 들판은 평야, 버려두어 거친 느낌을 주는 들판은 황야예요. 나무가 무성한 들판은 임야라고 해요. 그래서 임야는 숲과 들을 아울러 이르는 말이지요.
야외는 시가지에서 조금 떨어져 있는 들판이에요. 누군가가 심은 것이 아니라 들에서 저절로 난 풀과 꽃은 야생초, 야생화라고 해요. 이처럼 들에서 저절로 나서 자란 것을 야생이라고 해요.
여러분, 야영을 해 보았나요? 휴양이나 훈련을 위해 야외에 천막을 쳐 놓고 생활하는 것이 야영이에요. 야영할 수 있는 장소란 뜻의 야영장 푯말이 있는 곳이라면 천막을 치고 그곳에서 자연을 느낄 수 있답니다.

■ **산악**(山 岳/嶽큰산 악)
매우 높고 험준한 산
■ **산맥**(山 脈줄기 맥)
산이 길게 이어져 있는 지형
= 산줄기
■ **평야**(平 평평할 평 野)
평평한 들판
■ **황야**(荒 거칠 황 野)
버려두어 거친 느낌을 주는 들판
■ **임야**(林野)
나무가 무성한 들판, 숲과 들을 아울러 이르는 말
■ **야외**(野 外바깥 외)
시가지에서 조금 떨어져 있는 들판
■ **야생초**(野 生날 생 草풀 초)
들에서 저절로 나는 풀
■ **야생화**(野生 花꽃 화)
들에서 저절로 난 꽃
■ **야생**(野生)
들에서 저절로 나서 자란 것
■ **야영**(野 營경영할 영)
야외에 천막을 쳐놓고 하는 생활
■ **야영장**(野營 場장소 장)
야영을 할 수 있도록 만들어 놓은 장소

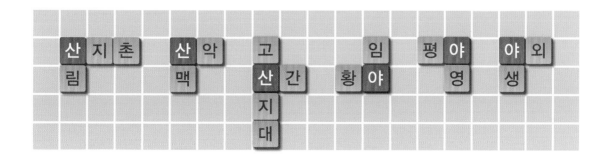

1 공통으로 들어갈 낱말을 쓰세요.

2 주어진 낱말을 넣어 문장을 완성하세요.

1) | 호 |
   | 영 | 남 |

경상도는 ☐☐ 지방, 전라도는 ☐☐ 지방이라고 불러.

2) | 기 |
   | 호 | 서 |

경기도와 황해도, 호서 지방 일부를 ☐☐ 지방이라고 부르고, 충청도는 ☐☐ 지방이라고 불러.

3 문장에 어울리는 낱말을 골라 ◯표 하세요.

1) 아버지의 고향은 (호남 / 영남) 지방에 있는 부산이야.

2) 호수의 남쪽이라는 뜻으로 전라도를 이르는 말은 (호남 / 영남)이야.

4 예문에 어울리는 낱말을 써넣으세요. [사회]

전라남도와 전라북도를 아울러 ☐☐☐ 라고 한다. 이곳은 금강 하류와 김제 벽골제라는 호수 남쪽에 있어서 호수 호(湖) 자를 써서 ☐☐ 이라고도 부른다. 전주시는 오래전부터 전라북도의 중심지였고, 한옥 마을, 금산사 같은 문화유산도 많이 남아 있다.

| 경상도 |
| 경주 |
| 상주 |
| 경기도 |
| 강원도 |
| 강릉 |
| 원주 |
| 충청도 |
| 충주 |
| 청주 |
| 전라도 |
| 전주 |
| 나주 |
| 영동 |
| 영서 |
| 영남 |
| 호남 |
| 호서 |
| 기호 |

1 공통으로 들어갈 낱말을 쓰세요.

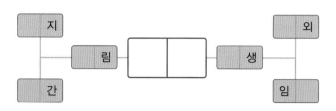

2 주어진 낱말을 넣어 문장을 완성하세요.

1) 산 간 맥

강원도는 산이 굽이굽이 많은 ☐☐ 지역으로 태백 ☐☐ 이 뻗어 있어.

2) 임 황 야

버려두어 거친 느낌을 주는 들판은 ☐☐, 나무가 무 성한 들판을 ☐☐ 라고 해.

3) 야 외 영

휴가 때 텐트를 치고 ☐☐ 을 하기로 했어. 이번 기회 에 ☐☐ 취침을 할 거야.

3 문장에 어울리는 낱말을 골라 ◯표 하세요.

1) 방학 숙제로 들에 (야산 / 야생)하고 있는 식물의 종류를 조사했어.

2) 우리 동네는 대부분이 (평야 / 산지)여서 벼농사를 짓는 사람이 많아.

4 예문에 어울리는 낱말을 써넣으세요. [사회]

우리나라는 땅의 70% 정도가 산이며 북쪽으로는 넓게, 동쪽으로는 길 게 펼쳐져 있다. 산이 많은 곳에 발달한 촌락을 ☐☐☐ 이라 고 한다. 산지의 생활 모습을 보면, ☐☐☐ 을 할 수 있는 산림 휴양지가 많다.

산야
산지
고산 지대
산간
산간 지역
산지촌
산림
삼림
삼림욕
산악
산맥
산줄기
평야
황야
임야
야외
야생초
야생화
야생
야영
야영장

왕 이름의 숨은 비밀

광개토대왕

광대한 영토를 개척한 큰 왕이라는 뜻이라네!

우리나라 역사 속에 등장하는 왕의 이름은 진짜 이름일까요? 아니에요. 왕이 죽은 뒤에 생전의 공덕을 기리어 붙인 이름이지요. 그래서 왕의 이름을 보면 어떤 분이었는지 알 수 있어요. 그럼 고구려 광개토 대왕은 어떤 분이셨을까요? 광개토 대왕(廣開土大王)은 광대한 영토를 개척한 큰 왕이라는 뜻이에요. 광개토 대왕은 요동 지방까지 영토를 크게 넓혀서 고구려의 힘을 강하게 키웠어요.

업적을 알 수 있는 왕의 이름

고조선을 세운, 단군왕검(檀君王儉)에는 어떤 뜻이 있을까요? 단군의 단(檀)은 하늘이라는 뜻의 몽골어 '텡그리'에서 온 말로, 단군은 하늘에 제사를 지내는 제사장을 뜻해요. 그리고 왕검은 정치를 주관하는 사람을 뜻하지요. 그러니까 단군왕검은 제사와 정치를 모두 주관한 최고의 왕인 것이죠.

고구려 20대 장수왕(長壽王)은 오래오래 살았던 왕이었을까요? 장수는 오래도록 사는 것을 뜻하니까요. 맞아요. 장수왕은 97세까지 살면서 78년 동안이나 왕위에 있었답니다.

廣	開	土	大	王
넓을	열	흙	클	임금
광	개	토	대	왕

광대한 영토를 개척했던
고구려의 왕

■ **단군왕검(檀君王儉)**
고조선을 세우고 제사와 정치를
모두 주관한 왕

■ **장수왕(長壽王)**
오래 살았던 고구려의 20대 왕

백제의 마지막 왕인 의자왕(義慈王)은 대체 '의자'와 어떤 관계가 있을까요?

의자(義慈)는 의롭고 자비롭다는 뜻이에요. 왕자 시절에 효성이 깊고 머리가 똑똑해서 이런 이름을 갖게 되었

어요. 신라 23대 법흥왕(法興王)은 불교를 나라의 종교로 받아들이고 오늘날의 법과 같은 율령을 만들어 왕권을 크게 키운 왕이에요.

그 뒤를 이은 진흥왕(眞興王)은 대가야를 정복하고 함경도까지 진출하며 영토를 넓혀 삼국 통일의 기초를 마련했어요. 참으로 흥한 왕이었답니다.

왕의 이름 속 숨은 뜻

고구려 영양왕(嬰陽王)은 빛을 더한 왕이라는 뜻이에요.

백제의 성왕(聖王)은 성인 성(聖)을 써서 어진 왕이란 뜻이에요. 지혜와 판단력이 뛰어난 왕이었어요.

신라의 진덕 여왕(眞德女王)은 참한 덕을 가진 여왕이고,

선덕 여왕(善德女王)은 선한 덕을 가진 여왕이에요.

문무왕(文武王)은 뛰어난 글짓기 능력과 무예로 삼국 통일을 이룬 왕이에요.

- **의자왕**(義慈王)
  백제의 마지막 왕

- **법흥왕**(法興王)
  처음으로 율령을 반포한 신라의 23대 왕

- **진흥왕**(眞興王)
  삼국 통일의 기초를 마련한 신라의 24대 왕

- **영양왕**(嬰陽王)
  수나라의 침입을 물리친 고구려의 26대 왕

- **성왕**(聖王)
  백제의 수도를 사비성으로 옮긴 백제의 26대 왕

- **진덕 여왕**(眞德女王)
  신라의 두 번째 여왕이자 신라의 28대 여왕

- **선덕 여왕**(善德女王)
  신라 최초의 여왕이자 27대 여왕

- **문무왕**(文武王)
  삼국 통일을 이룬 신라의 30대 왕

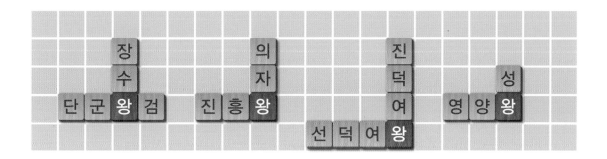

옛날과 오늘날의 제도

사회에서 만든 법이나 규칙 또는 사회 체제를 제도라고 해요. 우리는 제도에 따라 행동하거나 지켜야 하지요.

신분 제도라는 말 들어 봤지요? 서양의 중세 시대나 우리 조선 시대를 배경으로 한 영화를 보면 귀족, 노예, 양반, 천민 등이 나올 거예요. 당시에는 사람을 일정한 기준에 따라 등급을 나누고 그 신분이 세습되도록 한 신분 제도가 있었기 때문이에요.

옛날의 제도를 나타내는 말, 말, 말!

신라에는 뼈 골(骨)을 써서 골품제라는 신분 제도가 있었어요. 얼마나 뼈대 있는 혈통인지에 따라 사람을 여러 등급으로 나눈 것이죠. 신분에 따라 관직의 직급, 집의 크기, 옷의 색깔까지 차별받았어요. 아무리 능력이 있어도 신분이 낮으면 높은 관직에 오르지 못했어요.

골품제에는 부모가 모두 왕족이면 성골, 부모 중 한 명이 왕족이면 진골 그리고 그 아래에 여섯 개의 등급으로 나누어진 신분 계급인 두품이 있었어요.

옛날에는 독특한 결혼 제도가 있었어요.

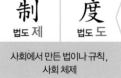

制 법도 제　度 법도 도

사회에서 만든 법이나 규칙, 사회 체제

■ **신분 제도**(身 몸 신 分 나눌 분 制度)
개인의 사회적 신분과 관계된 제도

■ **골품제**(骨 뼈 골 品 등급 품 制)
신라 때 혈통에 따라 나눈 신분 제도

■ **성골**(聖 성인 성 骨)
골품의 첫째 등급으로 부모가 모두 왕족인 사람

■ **진골**(眞 참 진 骨)
골품의 둘째 등급으로 부모 중 어느 한쪽이 왕족인 사람

■ **두품**(頭 머리 두 品)
골품 제도에서 진골 아래에 해당하는 신분 계급

고구려에는 결혼한 남자가 여자의 집에서 사는 데릴사위제가 있었어요.

옥저에는 나중에 며느리를 삼으려고 여자를 남자 집에 데려다 키우는 민며느리제가 있었어요.

고려와 조선에는 과거제라는 시험 제도가 있어서 관리가 되려면 과거를 치러야 했지요. 하지만 모두가 과거를 치러야 하는 것은 아니에요. 관직이 높은 사람의 자녀는 과거를 보지 않고도 관리가 될 수 있는 음서제가 있었어요. 음서(蔭敍)는 그늘이 늘어서 있다는 뜻으로, 조상의 은혜로 도움을 받았다는 뜻이에요.

오늘날의 제도를 나타내는 말, 말, 말!

오늘날 우리나라에는 사람들이 투표에 참여하여 자신들의 뜻을 대표하는 사람을 뽑는 선거 제도가 있어요.

우리나라는 국민이 직접 선거에 참여하는데, 직접한다고 해서 직접 선거 제도, 줄여서 직선제라고 해요.

반면, 국민이 직접하지 않고 중간에 다른 투표자를 통해 간접적으로 선거에 참여하는 것을 간접 선거 제도, 줄여서 간선제라고 해요.

■ **데릴사위제(制)**
결혼을 하면 남자가 여자의 집에서 살던 결혼 제도

■ **민며느리제(制)**
나중에 며느리가 될 여자를 미리 데려다 키우던 결혼 제도

■ **과거제(科**과목 과 **擧**들 거 **制)**
과거를 통해 관리를 선발하던 제도

■ **음서제(蔭**그늘 음 **敍**늘어설 서 **制)**
고위 관리의 자녀를 과거를 통하지 않고 관리로 뽑던 제도

■ **선거 제도**
(選뽑을 선 **擧制度)**
일정한 자격을 가진 사람들이 투표로 대표를 뽑는 제도

■ **직접 선거 제도(直**바로 직 **接**이을 접 **選擧制度)**
국민이 직접 선거를 통해 대표를 선출하는 제도
= 직선제(直選制)

■ **간접 선거 제도**
(間사이 간 **接選擧制度)**
국민이 선거인을 대표로 뽑아 그들이 선거를 하게 하는 제도
= 간선제(間選制)

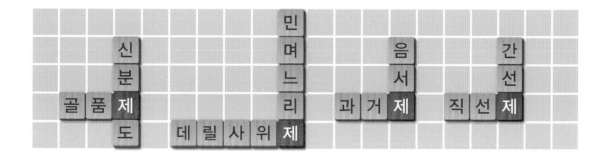

1 공통으로 들어갈 낱말을 쓰세요.

법흥

진덕여

장수 ── **광 개 토 대** ☐ ── 영양

진흥

선덕여

2 주어진 낱말을 넣어 문장을 완성하세요.

1)

		진
		덕
		여
선	덕	여	왕

신라 시대 대표적인 여왕으로 참한 덕을 가진 여왕이란 뜻의 ☐☐ ☐☐, 선한 덕을 가진 여왕이란 뜻의 ☐☐ ☐☐이 있어.

2)

	장
	수
단	군	왕	검

고조선을 세운 사람은 ☐☐☐☐, 오래오래 살았던 고구려 20대 왕은 ☐☐☐이야.

3 문장에 어울리는 낱말을 골라 ○표 하세요.

1) 신라의 (법흥왕 / 진흥왕)은 이차돈의 순교를 계기로 불교를 나라의 종교로 받아들였어.

2) 광대한 영토를 개척한 고구려의 왕은 (선덕 여왕 / 광개토 대왕)이야.

4 예문에 어울리는 낱말을 써넣으세요. [한국사]

신라 최초의 여왕인 ☐☐ ☐☐은 첨성대, 황룡사 9층 목탑 등을 세워 신라 불교 문화 발전에 크게 기여하였다.

| 광개토 대왕 |
| 단군왕검 |
| 장수왕 |
| 의자왕 |
| 법흥왕 |
| 진흥왕 |
| 영양왕 |
| 성왕 |
| 진덕 여왕 |
| 선덕 여왕 |
| 문무왕 |

제 도

1 공통으로 들어갈 낱말을 쓰세요.

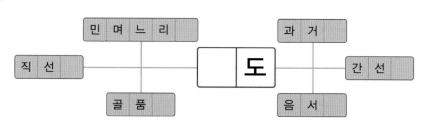

2 주어진 낱말을 넣어 문장을 완성하세요.

1) 음
　서
과 거 제

고려 시대에는 관리를 뽑는 시험 제도인 □□ □, 고위 관리의 자녀가 시험을 보지 않고 관리가 될 수 있는 제도인 □□□ 가 있었어.

2) 간
　선
직 선 제

선거 제도에는 국민이 직접 참여해 선거를 하는 □ □□, 국민이 중간에 선거인을 대표로 뽑아 선거를 하는 □□□ 가 있어.

3 문장에 어울리는 낱말을 골라 ○표 하세요.

1) 고구려에는 결혼한 남자가 여자 집에서 사는 (데릴사위제 / 민며느리제) 가 있었어.

2) 골품제에서 부모가 모두 왕족이면 (성골 / 진골)이에요.

4 예문에 어울리는 낱말을 써넣으세요. [사회]

선거에는 4대 원칙이 있다. 그중에서 투표권을 가진 사람이 대표자를 직접 뽑는 것은 □□ □□의 원칙이다.

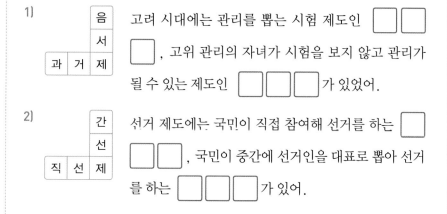

제도

신분 제도

골품제

성골

진골

두품

데릴사위제

민며느리제

과거제

음서제

선거 제도

직접 선거 제도

직선제

간접 선거 제도

간선제

씨낱말 교과 내용어

삼각형도 사각형도 모두 다각형

다 각 형

난각이 3개라서 삼각형.

난각이 4개, 사각형!

말 시켜서 까먹었잖아!

넌 몇 각형을 그리고 있니?

세모 모양의 삼각형은 각이 3개인 도형이에요. 사각형은 각이 4개, 오각형은 각이 5개죠. 각이 늘어날수록 첫 글자가 달라지죠? 그럼 백각형은 각이 몇 개일까요?

맞아요! 각이 100개예요.

이렇게 각은 면과 면이 만나 이루는 모서리로, 셋 이상의 각으로 이루어진 도형을 모두 아울러 다각형이라고 불러요. 이름만 봐도 각이 몇 개인지 금방 알 수 있겠죠?

각의 크기와 변의 길이에 따라 달라지는 이름

삼각형에서 세 각의 크기가 모두 같고 세 변의 길이도 모두 같다면 뭐라고 부를까요? 정삼각형이라고 해요. 모든 각의 크기와 모든 변의 길이가 같기 때문에 같을 정(正)을 붙이는 거예요.

네 각과 네 변의 길이가 모두 같은 사각형은 정사각형,

다섯 개의 각과 변의 길이가 모두 같은 정오각형,

모든 각의 크기와 모든 변의 길이가 같은 다각형은 정다각형인 거죠.

세 변의 길이가 모두 같은 삼각형은 같을 등(等)을 붙여 등변 삼

多 角 形
많을 다 뿔 각 모양 형

셋 이상의 각으로 이루어진 도형

■ **삼각형**(三석삼 角形)
3개의 각으로 이루어진 도형

■ **사각형**(四넉사 角形)
4개의 각으로 이루어진 도형

■ **오각형**(五다섯오 角形)
5개의 각으로 이루어진 도형

■ **각**(角)
면과 면이 만나 이루는 모서리

■ **정삼각형**(正같을정 三角形)
각의 크기와 변의 길이가 서로 같은 삼각형

■ **정사각형**(正四角形)
각의 크기와 변의 길이가 서로 같은 사각형

■ **정오각형**(正五角形)
각의 크기와 변의 길이가 서로 같은 오각형

각형이라고 해요. 두 변의 길이가 같은 삼각형은 이등변 삼각형
이지요.

그럼 변의 길이가 모두 다를 때는 어떻게 부를까요? 아닐 부
(不)를 붙여 부등변 삼각형이라고 한답니다.

생긴 모양대로 이름 붙이는 사각형

네 개의 각이 모두 직각인
사각형은 직사각형이에요.
사각형에는 네 개의 각이
모두 직각인 형태만 있는
것은 아니에요.
정사각형 모양의 천을 놓고
각 모서리를 이리저리 당

기면 여러 가지 모양의 사각형이 나오지요? 사다리 모양을 닮은
사각형인 사다리꼴도 있고, 마름이라는 풀의 잎 모양하고 똑같
이 생겨 마름모라고 부르는 사각형도 있어요. 마름모는 네 변의
길이가 모두 같답니다.

사각형 중에서 두 쌍의 마주보는 변이 나란히 평행한 사각형도
있어요. 이러한 사각형은 평행 사변형이라고 해요. 평행 사변형
은 직사각형처럼 네 각이 모두 직각일 필요는 없어요. 마주보는
두 쌍의 변이 서로 평행하기만 하면 모두 평행 사변형이 되지요.

▪ **정다각형**(正多角形)
모든 각의 크기와 변의 길이가
서로 같은 다각형

▪ **등변 삼각형**(等같을 등 邊가장
자리 변 三角形)
세 변의 길이가 같은 삼각형

▪ **이등변 삼각형**(二두 이 等
邊三角形)
두 변의 길이가 같은 삼각형

▪ **부등변 삼각형**(不아닐 부 等
邊三角形)
세 변의 길이가 모두 다른 삼각형

▪ **직사각형**(直곧을 직 四角形)
네 개의 각이 모두 직각인 사각형

▪ **사다리꼴**
사다리 모양처럼 생긴 사각형

▪ **마름모**
네 변의 길이가 같은 사각형

▪ **평행 사변형**(平평평할 평 行다
닐 행 四邊形)
두 쌍의 마주보는 변이 나란히
평행한 사각형

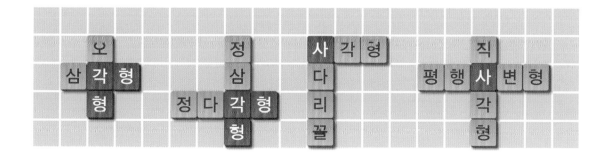

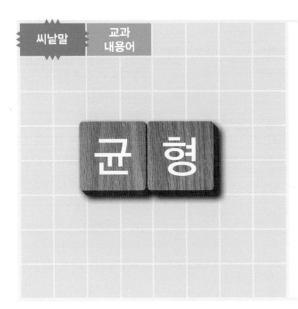

균형을 이루면 안정감이 생겨

날개를 활짝 펼친 나비 그림을 보면 어떤 느낌이 드나요? 날개가 균형을 이루어 안정감을 주지요? 균(均)은 고르다는 뜻이고 형(衡)은 저울이에요. 그러니까 균형은 저울이 평형을 이룬 것과 같은 상태이지요. 즉, 어느 한쪽으로 기울어지거나 치우치지 않고 고른 상태를 말해요.

이렇게 점, 선, 면, 형, 색 등이 서로 어울려 아름다움을 느끼게 하는 미술 원리를 조형 원리라고 해요.

안점감을 주는 균형

균형이라고 해서 양쪽이 똑같은 것은 아니에요. 가운데 축을 기준으로 양쪽이 같은 모양으로 이루어진 대칭 균형도 있지만 양쪽이 다른 모양으로 이루어져 있으면서도 균형 있게 보이는 비대칭 균형도 있지요. 양쪽이 똑같지는 않으니 아니라는 뜻의 비(非)를 붙인 것이죠.

꽃잎이 활짝 펴지는 것처럼 중심에서 사방으로 뻗어 나가며 균형을 이루는 방사형 균형도 있어요.

이처럼 모양이 달라도 균형이 잡혀 있다면 안정감을 주지요.

均 고를 균 ┃ 衡 저울 형

어느 한쪽으로 기울어지거나 치우치지 않고 고른 상태

■ **조형 원리**(造지을 조 形모형 형 原근원 원 理다스릴 리)
점, 선, 면, 형, 색 등이 서로 어울려 아름다움을 느끼게 하는 미술 원리

■ **대칭 균형**(對대할 대 稱저울 칭 均衡)
축을 기준으로 양쪽에 똑같은 무게를 배치하여 균형을 이루게 하는 것

■ **비대칭 균형**(非아닐 비 對稱 均衡)
양쪽에 균형을 이루는 정확한 규칙은 없지만 감각적으로 균형을 이루게 하는 것

아름다움을 느끼게 해 주는 조형 원리들

대칭 균형

방사형 균형

비대칭 균형

비례는 부분과 부분 또는 어느 한 부분과 전체의 비율을 말해요.

이때 비율은 한 수나 양에 대한 다른 수나 양의 비를 나타내는 것이에요.

가장 아름다워 보이는 이상적인 비례는 황금 비율이라고 해요.

비율이 잘 맞으면 황금처럼 아름다워 보인다는 것이지요.

얼룩말의 무늬는 검은 띠 모양이 통일감 있게 느껴지죠? 이처럼 형태와 색 등이 서로 어울려 일관성 있게 표현하는 것을 통일이라고 해요. 통일은 색, 형태 등이 같거나 일치되게 맞춤을 뜻하죠.

통일되어 있는 데서 한 부분에 변화를 주면 그 부분이 눈에 확 띄겠죠? 이처럼 어떤 부분을 특별히 강하게 변화를 주는 것을 강조라고 해요. 강조는 특별히 두드러지게 하는 거예요.

조화는 다양한 점, 선, 면, 형, 색이 섞여 있지만 그것들이 한데 어우러져 아름다워 보이는 것이죠.

반복은 점, 선, 면, 색의 크기와 형태 등이 일정한 규칙에 따라 되풀이되는 것이에요. 이때 규칙적인 움직임인 율동을 느낄 수 있답니다.

방사형 균형(放펼칠 방 射쏠 사 形均衡)
꽃잎처럼 중심에서 사방으로 뻗어나가며 균형을 이루게 하는 것

비례(比견줄 비 例사례 례)
부분과 부분 또는 어느 한 부분과 전체의 비율

비율(比 律비율 율)
한 수나 양에 대한 다른 수나 양의 비를 나타내는 것

황금 비율(黃누를 황 金금 금 比律)
이상적인 비례

통일(統합칠통 一한일)
여러 요소를 합쳐 서로 같게 하나로 맞춤

강조(强강할 강 調고를 조)
어떤 부분을 특별히 강하게 주장하거나 두드러지게 함

조화(調 和화할 화)
서로 잘 어울림

반복(反돌이킬 반 復돌아올 복)
같은 일을 되풀이함

율동(律규칙 율 動움직일 동)
일정한 규칙에 따라 움직임

씨낱말 블록 맞추기

다 각 형

① [보기]의 낱말과 관련이 있으며, 셋 이상의 각으로 이루어진 도형을 뜻하는 낱말을 쓰세요.

보기
| 삼 각 형 | 사 각 형 |
| 사 다 리 꼴 | 사 각 형 |

② 주어진 낱말을 넣어 문장을 완성하세요.

```
        정
        삼
정 다 각 형
        형
```

모든 각의 크기와 모든 변의 길이가 서로 같은 다각형은 □□□□, 세 변의 길이와 세 각의 크기가 같은 다각형은 □□□□이야.

③ 문장에 어울리는 낱말을 골라 ○표 하세요.

1) 사각형 중에서 네 개의 각이 모두 직각이면 (직사각형 / 사다리꼴)이야.

2) 두 변의 길이가 같은 삼각형은 (이등변 / 부등변) 삼각형이야.

3) 서로 마주 보는 것끼리 나란하게 평행한 4개의 변이 있는 도형은 (평행 사변형 / 사다리꼴)이야.

④ 예문에 어울리는 낱말을 써넣으세요. [수학]

삼각형, 사각형, 오각형 등 셋 이상의 각으로 이루어진 도형을 □□□이라고 한다. 각이 4개이면 □□□, 5개이면 □□□이다. 또한 모든 변의 길이와 각의 크기가 같은 다각형을 통틀어 □□□□이라고 한다.

| 다각형 |
| 삼각형 |
| 사각형 |
| 오각형 |
| 각 |
| 정삼각형 |
| 정사각형 |
| 정오각형 |
| 정다각형 |
| 등변 삼각형 |
| 이등변 삼각형 |
| 부등변 삼각형 |
| 직사각형 |
| 사다리꼴 |
| 마름모 |
| 평행 사변형 |

1 [보기]의 낱말과 관련이 있으며, 어느 한쪽으로 기울어지거나 치우치지 않아 안정감을 뜻하는 낱말을 쓰세요.

보기	대 칭 균 형
	비 대 칭 균 형

☐☐

2 주어진 낱말을 넣어 문장을 완성하세요.

황 금 비 율
례

부분과 부분 또는 어느 한 부분과 전체의 길이나 수량적인 비율은 ☐☐ , 가장 아름다워 보이는 비율은 ☐☐ ☐☐ 이라고도 해.

3 문장에 어울리는 낱말을 골라 ○표 하세요.

1) 이 작품은 다양한 점, 선, 면, 형, 색이 한데 어우러지는 (조화 / 율동)이 (가) 있어.

2) 그림에서 특정 부분의 선만 강하게 한다거나 형태를 완전히 다르게 표현하면 (강조 / 통일)의 효과를 줄 수 있어.

4 예문에 어울리는 낱말을 써넣으세요. [미술]

미술가는 작품 전체의 균형이 이뤄지도록 화면을 구성해 가는데, ☐☐ 균형은 축을 기준으로 양쪽에 똑같은 무게를 배치하여 균형을 이루게 하는 것, ☐☐☐ 균형은 꽃잎처럼 중심점에서 사방으로 뻗어 가며 균형을 이루는 것이다. 또 ☐☐☐ 균형은 양쪽에 균형을 이루는 정확한 규칙은 없지만 명암, 색 등을 통해 맞춰 가는 균형을 말한다.

균형
조형 원리
대칭 균형
비대칭 균형
방사형 균형
비례
비율
황금 비율
통일
강조
조화
반복
율동

1)	2)		3)			7)					
			4)	5)							
						8)					
								9)	10)		
	6)										
								11)	12)		
	13)										
14)		15)		16)		17)					
						18)					

정답 | 143쪽

🔑 가로 열쇠

1) 이상적인 비례. "미술가들은 가장 아름다워 보이는 비율을 ○○ ○○이라고 해요."
4) 같은 등급, 같은 정도. "우린 서로 ○○한 관계야."
6) 어느 한 축을 기준으로 양쪽에 똑같은 무게를 배치하여 균형을 이루게 하는 것. 비대칭 균형 ↔ ○○ ○○
7) 꽃가루가 옮겨 가는 일
8) 꽃가루
9) 천막을 치고 훈련, 휴양을 할 수 있도록 만들어 놓은 야외의 장소
11) 고조선을 세운 ○○○○
14) 고려 시대 고위 관리의 자녀를 과거를 통하지 않고 관리로 뽑던 제도
16) 뒤에서 지지하고 도와주는 일. ○○○하다
18) 식물 잎에서 녹색을 띠며 녹말을 만드는 중요 부분

🔑 세로 열쇠

2) 이자 또는 이자의 비율. ○○ 인상, ○○ 인하
3) 일정한 규칙에 따라 반복되면서 움직임
5) 세 변의 길이가 모두 다르면 부등변삼각형, 세 변의 길이가 모두 같으면 ○○ ○○○
7) 물에 의해 꽃가루가 옮겨가 수분이 이루어지는 꽃
10) 고구려의 26대 왕으로 이름은 '빛을 더한 왕'이라는 뜻
12) 나라의 주인인 임금을 가리키는 말
13) 강원도에서 대관령의 서쪽에 있는 지역. 영동 지방 ↔ ○○ 지방
15) 사회에서 만든 법이나 규칙 또는 사회 체제. 신분 ○○
17) 바늘처럼 가늘고 끝이 뾰족한 잎. "소나무나 잣나무, 향나무는 모두 ○○수이다."

1 두 낱말의 관계가 <u>다른</u> 하나는? (   )

① 감독 : 감사   ② 맹서 : 서약   ③ 다수 : 소수

④ 서언 : 선서   ⑤ 혈맹 : 동맹

2 밑줄 친 부분을 가장 적절한 한자어로 대체한 것은? (   )

① <u>몸에 새긴 무늬</u> 모양이 거북이를 닮았다. → 文樣(문양)

② <u>축축한 정도</u>가 심해 불쾌지수가 올라간다. → 密度(밀도)

③ 사슴 수컷들은 <u>머리에 난 뿔</u>을 이용해 서로 겨룬다. → 互角(호각)

④ 책을 읽을 때에는 <u>줄과 줄 사이</u>에 숨은 뜻을 살펴야 한다. → 行間(행간)

⑤ 저 <u>앞으로 곧게 나가서</u> 왼쪽으로 돌면 편의점이 있습니다. → 垂直(수직)

3 밑줄 친 낱말의 뜻이 바르지 <u>않은</u> 것은? (   )

① 열강이 <u>각축</u>을 벌이고 있다. → 서로 도우며 협력함

② <u>차도</u>가 전혀 없어 걱정이다. → 병이 조금씩 나아가는 정도

③ 이곳엔 <u>문구</u>를 챙겨 가지고 오도록 하세요. → 글자를 쓸 때 갖추어야 하는 도구

④ 소 잃고 <u>외양간</u> 고친다는 말을 명심하거라. → 소나 말 등의 가축을 기르는 공간

⑤ <u>수리공</u>이 막힌 배수관을 뚫어 주었다. → 고장 난 물건을 고치고 다스리는 기술자

4 괄호 안의 한자가 바르지 <u>않은</u> 것은? (   )

① 간(間)헐   ② 문(問)단   ③ 직(直)통

④ 도(度)이시   ⑤ 팔가(角)소반

5 밑줄 친 낱말에 대한 설명으로 적절하지 <u>않은</u> 것은? (　　)

① <u>시각</u>이란 보는 각도를 뜻해.

② 지구에 세로로 줄을 그은 선이 바로 <u>위도</u>야.

③ <u>이간질</u>이란 사람들 사이를 멀어지게 하는 행동이야.

④ 사람으로서 마땅히 지켜야 할 도리를 <u>윤리</u>라고 하지.

⑤ <u>문맹</u>이란 배우지 못해 글을 읽거나 쓰지 못하는 사람을 말해.

6 〈보기〉의 빈칸에 들어갈 낱말이 바르게 짝 지어진 것은? (　　)

〈보기〉

(가) 우리말 낱말에는 쓸개와 담낭처럼 고유어와 한자어가 같은 뜻을 가진 경우가 있습니다. 보통의 뜻은 같지만 비유나 맥락에 따라 적절한 단어를 선택해야 하지요. 예를 들어, '(가)(　　) 빠진 사람'이라는 말이 있는데 이건 이 낱말이 비유적으로 줏대를 뜻하기 때문에 생긴 말이지요. 여기에 뜻이 같다고 다른 말을 넣어 사용하진 않습니다.

(나) 낱말과 단어는 말의 가장 바탕이 되는 단위를 뜻하는 동의어죠. 낱말은 고유어, 단어는 한자어랍니다. 콩팥과 신장도 같은 뜻을 나타내는 말입니다. 콩팥은 모양이 강낭콩처럼 생기고 색깔은 팥죽색이어서 붙여진 이름이랍니다. 일반적인 곡식과 헷갈릴 수 있어 의학 전문 용어에서는 '(나)(　　)이식 수술'처럼 명료하게 씁니다.

① (가) – 쓸개 (나) – 콩팥　　② (가) – 담낭 (나) – 신장　　③ (가) – 쓸개 (나) – 신장

④ (가) – 담낭 (나) – 콩팥　　⑤ (가) – 쓸개 (나) – 심장

7 문맥에 맞는 낱말을 <u>잘못</u> 선택한 것은? (　　)

① 너 왜 내 질문에 (<u>동문서답</u> / 우왕좌왕)이야?

② 네 말에 어째 (<u>가시</u> / 구김)이(가) 가득한 듯하네.

③ 터무니없는 (우유부단 / <u>유언비어</u>)가 나돌고 있다.

④ 식물을 (<u>교배</u> / 짝짓기)할 땐 주의를 집중해야 한다.

⑤ 우리 팀 선수들은 끝까지 (진혼 / <u>투혼</u>)을 아끼지 않았다.

8 〈보기〉의 밑줄 친 (가) ~ (라)에 들어갈 낱말로 옳은 것은? (   ) 수학능력시험형

〈보기〉

미음씨를 나타내는 순우리말 중 기쁘고 즐거운 마음을 나타내는 말인 (가)(   )은 몹시 좋은 느낌을 말하죠. 믿음직하게 여기는 마음은 (나)(   )(이)라고 한답니다. 섭섭하고 성내는 마음을 나타내는 말로, (다)(   )은 부러운 마음으로 샘하여 탐내는 욕심을 말해요. 비위에 거슬려서 노엽거나 분한 마음을 (라)(   )라고 하죠.

① (가) 기꺼움 (나) 미쁨 (다) 개염 (라) 부아

② (가) 깨소금 (나) 미쁨 (다) 개염 (라) 부아

③ (가) 기꺼움 (나) 미움 (다) 개염 (라) 넌더리

④ (가) 깨소금 (나) 미움 (다) 귀염 (라) 넌더리

⑤ (가) 기꺼움 (나) 미쁨 (다) 귀염 (라) 부아

9 한자와 그 뜻이 바르지 않게 짝 지어진 것은? (   ) 한자능력시험형

① 魂 – 넋   ② 監 – 듣다   ③ 老 – 늙다

④ 誓 – 맹세   ⑤ 隔 – 사이가 뜨다

10 〈보기〉 문장 중 한자로 고친 것이 **틀린** 것은? (   ) 한자능력시험형

〈보기〉

소리는 같지만 한자를 달리 씀으로써 뜻이 달라지는 말이 많이 있습니다. 예를 들어, '만 20세가 넘은 성인이 진정한 성인은 아니에요.'라고 할 때, 앞에 성인은 (가)(   ), 뒤에 성인은 (나)(   )이죠. 또 '인류가 진화해 오면서 다양한 진화의 방법을 깨우쳤다고.'에서 앞에 진화는 (다)(   ), 뒤에 진화는 (라)(   )입니다. '시청 앞 광장에서 축구 중계 방송을 함께 시청하기로 약속했어.'라고 할 때에, 앞에 시청은 시이 행정 사무를 맡아 보는 기관이라 뜻의 市廳, 뒤에 시청은 보고 듣는다는 뜻의 (마)(   )입니다.

① (가) 成人   ② (나) 聖人   ③ (다) 進化

④ (라) 珍貨   ⑤ (마) 視聽

⑪ 밑줄 친 부분을 적절한 낱말로 대체하지 <u>않은</u> 것은? (   ) 국어능력인증시험형

① <u>많지 않은 돈</u>으로 유혹하지 말라. → 목돈

② <u>배 주인</u>의 허락을 얻어야 이용할 수 있다. → 선주

③ 대전은 우리나라 교통에서 <u>중요한 곳</u>이다. → 요지

④ 높은 봉우리에 올라보니 바다가 한눈에 보인다. → 고봉

⑤ 우리의 바람은 <u>차별 없이 고르게 대우해 주는 것</u>뿐이다. → 평등

⑫ 밑줄 친 낱말의 뜻이 바르지 <u>않은</u> 것은? (   ) 국어능력인증시험형

① 여기는 <u>무주공산</u>이니 마음껏 쓰시오. → 주인이 확실하게 관리하는 곳

② 책가방을 쌀 때에도 <u>요령</u>이 필요하다. → 가장 중요한 점이나 줄거리, 적당히 꾀를 부림

③ 태국, 베트남, 인도 <u>등지</u>를 다니다 돌아왔다. → 앞의 장소와 같은 그 밖의 장소

④ 체온이 39도까지 오르는 등 <u>고열</u>에 시달리고 있다. → 열이 심하게 남

⑤ 문학 작품 속 <u>수전노</u>의 대표는 《크리스마스 캐럴》의 스크루지다. → 돈을 지키는 노예, 구두쇠

⑬ 〈보기〉의 빈칸 (가), (나)에 들어갈 낱말을 바르게 짝 지은 것은? (   ) 수학능력시험형

〈보기〉

꽃은 씨가 퍼지는 방법에 따라 분류하기도 하죠. 꽃가루가 바람에 날려 퍼지면 바람을 뜻하는 한자어를 사용하여 (가)(   )라 합니다. 벼, 뽕나무, 소나무, 은행나무 따위의 꽃이 여기에 해당합니다. (나)(   )는 동물이나 곤충의 몸에 붙어서 퍼지는 꽃을 말합니다. 개나리꽃, 무궁화, 호박꽃 따위가 있죠.

① (가) 양매화 (나) 충매화   ② (가) 풍매화 (나) 충매화

③ (가) 양매화 (나) 동매화   ④ (가) 풍매화 (나) 동매화

⑤ (가) 양매화 (나) 풍매화

⑭ 밑줄 친 낱말에 대한 설명이나 맥락이 적절하지 않은 것은? (   )   KBS 한국어능력시험형

① 어떤 일을 하는 데에는 <u>비용</u>이 발생하기 마련이다.

② 너와 나는 등급이 같으니 <u>동등</u>하다고 할 수 있겠네.

③ 천천히 간추려 얘기해 봐, 그러니까 <u>요약</u>해 보란 말이야.

④ 결혼식을 이끌어 주실 <u>주장</u>이 아직 도착하지 않았습니다.

⑤ <u>고상</u>하다는 건 몸가짐과 뜻이 훌륭하여 높일 만하다는 뜻이야.

⑮ 문맥에 맞는 낱말을 잘못 선택한 것은? (   )   수학능력시험형

① 산이 길게 이어져 있어 (<u>산맥</u> / 산사태)(이)라 부른다.

② (의자왕 / <u>장수왕</u>)은 97세까지 오래오래 살았기에 붙여진 이름이다.

③ 신라 골품제에서 부모 모두 왕족인 사람을 (<u>성골</u> / 진골)이라 불렀다.

④ 세 변과 세 각의 길이가 같은 삼각형을 (<u>정</u> / 이등변)삼각형이라 부른다.

⑤ 경상도의 다른 이름은 (<u>영남</u> / 호남)이다. 소백산맥 고개 남쪽에 있기 때문이다.

⑯ 〈보기〉의 밑줄 친 (가) ~ (다)에 들어갈 낱말로 옳은 것은? (   )   수학능력시험형

┌─〈보기〉─────────────────────────
균형은 안정감 주는 요소입니다. 가운데 축을 기준으로 양쪽이 같은 모양으로 이루어져 있으면 <u>(가)</u>(_____)이라고 하죠. 양쪽이 다른 모양으로 이루어져 있으면서도 균형 있게 보이면 <u>(나)</u>(_____)이라고 합니다. 이 외에 <u>(다)</u>(_____)이 있는데, 꽃잎이 활짝 펴지는 것처럼 중심에서 사방으로 뻗어 나가며 균형을 이루는 모양을 말한다.
└────────────────────────────────

① (가) 대칭 균형   (나) 방사형 균형   (다) 비대칭 균형

② (가) 방사형 균형   (나) 비대칭 균형   (다) 대칭 균형

③ (가) 비대칭 균형   (나) 방사형 균형   (다) 대칭 균형

④ (가) 방사형 균형   (나) 대칭 균형   (다) 비대칭 균형

⑤ (가) 대칭 균형   (나) 비대칭 균형   (다) 방사형 균형

📖 **톡톡 문해력 독후감** 다음 독후감을 읽고, 문제를 풀어 보세요.

지난 토요일, 도서관에서 《잭과 콩나무》를 읽었다. 《잭과 콩나무》는 영국에서 전해 내려오는 이야기다.

이 책의 주인공인 잭은 엄마와 젖소 한 마리를 키우며 살았다. 어느 날, 엄마가 잭에게 젖소를 팔아 오라고 했는데, 잭은 젖소를 마법의 콩과 바꿔 왔다. 화가 난 엄마는 콩을 마당에 던져 버렸다. 다음 날, 콩은 하늘까지 자라 있었다. 잭이 나무줄기를 타고 나무 꼭대기까지 올라갔더니 그곳에는 거인이 살고 있었다. 잭은 거인의 집에서 금화, 황금알을 낳는 닭, 스스로 연주하는 하프를 훔쳐서 콩나무 줄기를 타고 내려왔다. 뒤늦게 잭을 발견한 거인이 잭을 쫓아오자, 엄마는 도끼로 콩나무의 줄기를 베어 냈다. 그 뒤 잭과 엄마는 행복하게 살았다.

나는 이 책을 읽고 잭이 용감하다고 생각했다. 나 같으면 거인이 무서워서 벌벌 떨기만 했을 것이기 때문이다. 나도 잭처럼 어려움이 와도 용감하게 맞서야겠다고 결심했다.

---

1 글쓴이가 무슨 책을 읽고, 쓴 글인지 쓰세요.

(   )

2 글쓴이는 이 글을 왜 썼는지 쓰세요.

---

3 잭이 거인의 집에서 훔친 보물이 <u>아닌</u> 것은? (   )

① 금화   ② 황금알을 낳는 닭   ③ 스스로 연주하는 하프   ④ 마법의 콩

4 이 글의 내용과 <u>다른</u> 것은? (   )

① 《잭과 콩나무》는 미국에서 전해 오는 이야기다.

② 잭은 거인의 보물을 훔쳤다.

③ 잭은 젖소 한 마리를 마법의 콩과 바꿨다.

④ 글쓴이는 잭을 용감하다고 생각했다.

톡톡 문해력 기행문 **다음 기행문을 읽고, 문제를 풀어 보세요.**

> 지난 주말, 우리 가족은 경상북도에 있는 경주로 여행을 갔다. 서울에서 경주까지 케이티엑스(KTX)를 타고 갔다. 케이티엑스를 타니 빠르고 편리해서 좋았다.
>
> 우리는 도착하자마자 불국사로 갔다. 불국사는 넓고 볼 것도 무척 많았다. 특히 십 원짜리 동전에 새겨져 있는 다보탑을 직접 보니 신기했다. 다음으로 간 곳은 불국사 근처에 있는 석굴암이었다. 석굴 안에 있는 부처님은 정말 멋있었다. 저녁에는 동궁과 월지를 갔다. 동궁은 옛날 신라 시대 궁궐을 복원한 것이었고, 월지는 연못이었는데, 조명 때문에 정말 아름다웠다. 가족들과 사진을 찍으며 즐거운 시간을 보냈다.
>
> 경주를 여행하면서 역사 공부를 할 수 있어서 좋았다. 다음에 꼭 다시 오고 싶다.

1 이 글의 중심 낱말은 무엇인지 쓰세요.

(   )

2 이 글의 중심 내용을 쓰세요.

3 밑줄 친 낱말의 뜻은? (   )

① 땅에 뚫은 굴   ② 바위에 뚫은 굴

③ 산을 뚫은 굴   ④ 바다 밑을 뚫은 굴

4 이 글의 내용과 <u>다른</u> 것은? (   )

① 글쓴이네 가족이 경주에서 처음 간 곳은 불국사다.

② 글쓴이는 십 원싸리 동전에 새겨져 있는 다보탑을 직접 보고 신기해했다.

③ 불국사 근처에 월지가 있다.

④ 글쓴이는 조명이 켜진 동궁과 월지가 아름답다고 생각했다.

정답

어휘 퍼즐 | 72쪽

¹¹견	²¹문				⁵¹연	
	방			⁶¹가	맹	점
	사				시	
³¹우	유	⁴¹부	단		⁷¹대	
		등		⁸¹격	리	
		식			⁹¹인	간
	¹⁰¹원		¹²¹문		¹³¹주	문
¹¹¹직	항	로	¹⁴¹양	미	간	
접					뿜	

2장 씨글자

主 주인 주 | 78~79쪽

1. 主
2. 1) 주인 2) 군주 3) 주범 4) 주례
3. 1) 주동자 2) 지주 3) 주최 / 주관
4. 1) 예금주 2) 상주 3) 무주공산 4) 민주
5. 1) 주전 2) 주식 3) 주례
6. 1) 주연 2) 주종 3) 주성분 4) 주범 5) 선주

要 중요할 요 | 84~85쪽

1. 要
2. 1) 주요 2) 요건 3) 요점 4) 요인 5) 요지
3. 1) 필요 2) 요구 3) 긴요 4) 요약
4. 1) 중요, 요지 2) 요약 3) 요인 4) 긴요
5. ④
6. 요원

高 높을 고 | 90~91쪽

1. 高
2. 1) 고급 2) 고품질 3) 고상 4) 고층 5) 고열
3. 1) 고급 2) 잔고 3) 고속 4) 고소 5) 고열
4. 1) 고도 2) 고하 3) 고성능 4) 숭고
5. 1) × 2) × 3) ○ 4) ○
6. 고

等 같을 등 | 96~97쪽

1. 等
2. 1) 팔등신 2) 등호 3) 부등식 4) 월등 5) 열등생
3. 1) 우등생 2) 등급 3) 관등 4) 고등
4. 1) 균등 2) 관등 3) 등지 4) 평등
5. ③
6. 등

돈 | 102~103쪽

1. 돈
2. 1) 거스름돈 2) 급전 3) 값 4) 예금 5) 금리
3. 1) 용돈 2) 가격 3) 세금 4) 뭉칫돈
4. 1) 차비 2) 관리비 3) 저축 4) 가격
5. ②
6. 1) 입금 2) 출금 3) 정기 예금 4) 정기 적금

뒤 | 108~109쪽

1. 뒤
2. 1) 뒷짐 2) 뒷간 3) 뒷받침 4) 뒷날
3. 1) 뒤통수 2) 뒤 3) 뒷전 4) 뒷북
4. 1) 뒤탈 2) 뒤섞어 3) 뒷돈
5. ①
6. ②

씨낱말

뿌리 | 114쪽

1. 뿌리
2. 1) 뿌리털, 저장뿌리 2) 물관, 체관 3) 떡잎, 본잎
3. 1) 쌍떡잎 2) 침엽
4. 잎, 뿌리, 관다발, 잎

꽃 | 115쪽

1. 꽃
2. 1) 통꽃, 갈래꽃 2) 꽃가루, 꽃받침
3. 1) 꽃가루 2) 씨방 3) 꽃가루
4. 풍매화, 충매화, 수매화, 조매화

경상도, 경주 | 120쪽

1. 도
2. 1) 영남, 호남 2) 기호, 호서
3. 1) 영남 2) 호남
4. 전라도, 호남

산야 | 121쪽

1. 산야
2. 1) 산간, 산맥 2) 황야, 임야 3) 야영, 야외
3. 1) 야생 2) 평야
4. 산지촌, 산림욕

광개토대왕 | 126쪽

1. 왕
2. 1) 진덕 여왕, 선덕 여왕 2) 단군왕검, 장수왕
3. 1) 법흥왕 2) 광개토 대왕
4. 선덕 여왕

제도 | 127쪽

1. 제
2. 1) 과거제, 음서제 2) 직선제, 간선제
3. 1) 데릴사위제 2) 성골
4. 직접 선거

다각형 | 132쪽

1. 다각형
2. 정다각형, 정삼각형
3. 1) 직사각형 2) 이등변 3) 평행 사변형
4. 다각형, 사각형, 오각형, 정다각형

균형 | 133쪽

1. 균형
2. 비례, 황금 비율
3. 1) 조화 2) 강조
4. 대칭, 방사형, 비대칭

어휘 퍼즐 | 134쪽

¹⁾황	²⁾금	비	³⁾율			⁴⁾수	분
	리		동	⁵⁾등		매	
			변			⁶⁾화	분
			삼				
			각			⁷⁾야	영	장
⁸⁾대	칭	균	형				양
						⁹⁾단	군	왕	검
	¹⁰⁾영					주	
¹¹⁾음	서	¹²⁾제		¹³⁾뒷	받	¹⁴⁾침	
		도				¹⁵⁾엽	록	체

종합문제 | 135~139쪽

1. ③ 2. ④ 3. ① 4. ② 5. ② 6. ③ 7. ⑤ 8. ① 9. ② 10. ④
11. ① 12. ① 13. ② 14. ④ 15. ③ 16. ⑤

문해력 문제 | 140~141쪽

1. 《잭과 콩나무》 2. 《잭과 콩나무》를 읽고 나서 그 감상을 적기 위해서
3. ④ 4. ①

---

1. 경주 2. 글쓴이의 가족은 경주로 여행을 가서 불국사와 석굴암, 동궁과 월지를 봤다. 3. ② 4. ③

집필위원

정춘수	권민희	송선경	이정희	신상희	황신영	황인찬	안바라
손지숙	김의경	황시원	송지혜	황현정	서예나	박선아	강지연
강유진	김보경	김보배	김윤철	김은선	김은행	김태연	김효정
박 경	박선경	박유상	박혜진	신상원	유리나	유정은	윤선희
이경란	이경수	이소영	이수미	이여신	이원진	이현정	이효진
정지윤	정진석	조고은	조희숙	최소영	최예정	최인수	한수정
홍유성	황윤정	황정안	황혜영	신호승			

문해력 잡는 초등 어휘력 B-4 단계

글 안바라 황시원 송선경 김의경
그림 박종호 쌈팍
기획 개발 정춘수

1판 1쇄 인쇄 2025년 1월 16일
1판 1쇄 발행 2025년 1월 31일

펴낸이 김영곤 **펴낸곳** ㈜북이십일 아울북
프로젝트2팀 김은영 권정화 김지수 이은영 우경진 오지애 최윤아
아동마케팅팀 명인수 손용우 양슬기 이주은 최유성
영업팀 변유경 한충희 장철용 강경남 김도연 황성진
표지디자인 박지영 임민지

출판등록 2000년 5월 6일 제406-2003-061호
주소 (우 10881) 경기도 파주시 문발동 회동길 201
연락처 031-955-2100(대표) 031-955-2122(팩스)
홈페이지 www.book21.com

ISBN 979-11-7357-049-0
ISBN 979-11-7357-036-0 (세트)

• 제조자명 : (주)북이십일
• 주소 : 경기도 파주시 회동길 201(문발동)
• 전화번호 : 031-955-2100
• 제조연월 : 2025. 01. 31.
• 제조국명 : 대한민국
• 사용연령 : 3세 이상 어린이 제품